U0670233

新时代智库出版的领跑者

智库 中社

国家智库报告（2021）
National Think Tank（2021）

# 中国—中东欧国家地方合作研究报告

## （2020）

LOCAL COOPERATION BETWEEN CHINA — CENTRAL
AND EASTERN EUROPEAN COUNTRIES（2020）

刘作奎　韩萌　等著

中国社会科学出版社

图书在版编目（CIP）数据

中国—中东欧国家地方合作研究报告.2020／刘作奎等著.—北京：中国社会
科学出版社，2021.10
（国家智库报告）
ISBN 978 – 7 – 5203 – 9320 – 1

Ⅰ.①中…　Ⅱ.①刘…　Ⅲ.①区域经济合作—国际合作—研究报告—
中国、欧洲—2020　Ⅳ.①F125.55

中国版本图书馆 CIP 数据核字（2021）第 225728 号

出 版 人　赵剑英
项目统筹　王　茵　喻　苗
责任编辑　范晨星
责任校对　夏慧萍
责任印制　李寡寡

出　　　版　中国社会科学出版社
社　　　址　北京鼓楼西大街甲 158 号
邮　　　编　100720
网　　　址　http://www.csspw.cn
发 行 部　010 – 84083685
门 市 部　010 – 84029450
经　　　销　新华书店及其他书店

印刷装订　北京君升印刷有限公司
版　　　次　2021 年 10 月第 1 版
印　　　次　2021 年 10 月第 1 次印刷

开　　　本　787×1092　1/16
印　　　张　10.75
插　　　页　2
字　　　数　100 千字
定　　　价　65.00 元

凡购买中国社会科学出版社图书，如有质量问题请与本社营销中心联系调换
电话：010 – 84083683
版权所有　侵权必究

**摘要：**地方合作是中国—中东欧国家合作的重要组成部分。地方合作不仅大大弥补了中国同中东欧国家市场不对等的状况，而且也有效激发了国内地方政府参与中国—中东欧国家合作的自主性与积极性，以更大的央地协同效应进一步丰富了合作的层次网络，从而为加速释放中国与中东欧国家互补优势，加快完善合作机制模式注入了内生发展动力。可以说，只有扎根地方，中国—中东欧国家合作才能汲取更多养分，鉴于此，本报告详细总结了中国—中东欧国家地方合作成效，客观评价了国内相关地方同中东欧国家对接质量，以期为深入探索中国—中东欧国家地方合作机遇、挖掘地方对接潜力发挥积极作用。

本报告分为总报告和地方报告两个部分，在总报告中，我们构建了一套基于中国地方层面的中国—中东欧国家合作绩效评估指标体系，从各地区设施联通水平、经贸合作水平、政策对接水平、人文交流水平以及智库参与水平五个方面入手，对中国地方对接中国—中东欧国家合作程度进行系统量化，从而实现了对各地区合作差异的客观评测，同时细化了对于各地区市场竞争优势的科学判断，为中国—中东欧国家地方合作给予了准确、透明、可预见的方向指引与量化支撑。

在地方报告中，我们以具体省市为切入点，对典型的中国—中东欧国家地方合作案例进行了详细的剖析，从各自发展特征入手，深入探讨了各地方同中东欧国家合作的现状、趋势以及面临的瓶颈、挑战，并以此为依据，对各地方同中东欧国家合作提出了差异化应对措施与建议，为进一步提升中国—中东欧国家地方合作的契合度提供了科学的示范与指引，也为中国丰富国际地方合作模式、提升对外合作成效提供了可行的经验借鉴。

**关键词：** 中东欧；中国—中东欧国家合作；地方合作；合作绩效评估

**Abstract**: Local cooperation plays a critical part in cooperation between China and Central and Eastern European countries (CEEC). It does not only largely diminish the influence of the differences in market situations of China and CEE countries, but also effectively motivate local governments in China to actively participate in China – CEEC cooperation, which further strengthens the cooperation network with greater synergy between the central and local authorities in China. Cooperation at the local level also helps strengthen the inner drive to leverage complementary advantages of China and CEE countries, and improve the cooperation mechanism at a faster pace. It is fairly recognized that only by taking root locally can China-CEEC cooperation absorb more nutrients. In this view, the book comprehensively summarizes the effectiveness of China-CEEC local cooperation and objectively evaluates the docking of policies and strategies, so as to further explore the opportunities and potential for cooperation between localities of China and CEE countries.

The book consists of two parts: a general report and local reports. The general report presents a system of indicators to assess the performance of China-CEEC local cooperation in terms of facilities connectivity, economic and trade cooperation, policy docking, people-to-people and cultural exchange, and think tank participation. Through quantitative methods, the system measures the differences in the cooperation between localities of China and CEE countries, and refines the analysis of competitive advantages of respective localities, which helps provide guidance for the future development of China-CEEC local cooperation in an accurate, transparent and predictable approach.

The local reports contain detailed case analysis of typical local cooperation between a number of Chinese provinces and cities and CEE countries. We conduct in-depth discussions on the current situation, trends, bottlenecks and challenges of the cooperation considering respective characteristics of the localities. Based on our findings, we propose differentiated measures and suggestions, and provide appropriate instruction for further coordinating China-CEEC local cooperation. The reports also offer valuable experience for China to diversify international cooperation at the local level while enhancing cooperation effectiveness.

**Key words**: Central and Eastern Europe; China-CEEC cooperation; local cooperation; cooperation performance assessment

# 目　　录

## 总 报 告

## 地 方 报 告

# 总 报 告

# 2019—2020 年地方参与中国—中东欧国家合作绩效评估[*]

地方合作是中国—中东欧国家合作的重要组成部分。中国—中东欧地方合作不仅大大弥补了中国同中东欧国家市场不对等的状况，而且也有效激发了国内地方政府参与中国—中东欧国家合作的自主性与积极性，以更大的央地协同效应进一步丰富了中国—中东欧国家合作的层次网络，从而为加速释放中国—中东欧国家合作互补优势、加快完善中国—中东欧国家合作机制模式注入了内生发展新活力。为了客观、系统、高效地衡量中国—中东欧地方合作成效，明确地方合作对接地位，深挖中国—中东欧地方合作潜力，2019年，中国社会科学院中国—中东欧智库网络首次发布了 2018 年度地方政府参与中国—中东欧国家合作绩效评估指数及城市排名，通过科学构建基于中国地方层

---

* 刘作奎、韩萌，中国社会科学院欧洲研究所。

面的中国—中东欧国家合作绩效评估指标体系，合理量化了中国地方城市同中东欧国家合作的水平与位势，取得了良好的社会反响，并为优化各层级政府的决策部署提供了有力支撑。本报告将以 2018 年度地方政府参与中国—中东欧国家合作绩效评估指标体系为参考，在科学优化权重配置的基础上，进一步扩展了城市评估范围，提升了数据采集精度，全面、准确、透明测度各地方城市同中东欧国家的综合对接水平与分领域合作程度，为中国地方城市加快融入中国—中东欧国家合作，且有针对性地改善对接措施提供理论依据与决策参考。

# 一　地方参与中国—中东欧国家合作绩效指标体系的权重优化原理

评价指标的选取以及指标权重的设定是衡量指标体系科学性与合理性的关键要素，对于研究目标的实现具有决定性作用。当前，国际合作机制与内涵不断变化，中国对外开放也进入了高水平竞争、高质量发展的历史新时期，更加多元的合作领域、更加丰富的合作形式，以及更加复杂的合作诉求使得已有的国际合作评级体系无法有效体现中国国际合作的特征与能力。而对于各地方政府参与中国—中东欧国家合作，由于评价目标体量与合作区域的特殊性，如果简单地照搬现有国际合作评级体系，很可能会忽略合作的关键信息，从而无法准确衡量其真实绩效水平。鉴于此，2019 年，课题组以地方参与中国—中东欧国家合作特征为基础，以科学性与可操作性相统一、层次性与系统性相协调、全面性与代表性相结合、动态性与稳定性相同步为标准，从设施联通水平、经贸合作水平、政策对接水平、人文交流水平以及智库参与水平五大领域入手，构建起了地方参与中国—中东欧国家合作绩效测度体系。它不但基本涵盖了中国地方参与中国—中东欧国家合作所依靠并关注的主要发展内容，并且也有效顾及了指标数据的可得性与一致性，对于推动中国地方同中东欧国家合作的快速深入发展发挥了十分积极的作用。具体评级体系内容见表1。

表 1        地方参与中国—中东欧国家合作绩效指标体系框架

| 一级指标 | 二级指标 | 数值范围/单位 |
|---|---|---|
| 设施联通水平（F） | 直航中东欧城市数量（F1） | （个） |
| | 是否为中欧班列开行城市（F2） | 0 或 1（虚拟变量） |
| | 与最近中欧班列开行城市的地理距离（F3） | （千米） |
| | 对接中东欧港口数量（F4） | （个） |
| 经贸合作水平（E） | 对中东欧国家出口规模（E1） | （亿元） |
| | 对中东欧国家出口增速（E2） | （%） |
| | 对中东欧国家进口规模（E3） | （亿元） |
| | 对中东欧国家进口增速（E4） | （%） |
| | 对中东欧国家直接投资规模（E5） | （亿元） |
| | 对中东欧国家直接投资增速（E6） | （%） |
| | 吸收中东欧国家投资规模（E7） | （亿元） |
| | 吸收中东欧国家投资增速（E8） | （%） |
| | 面向中东欧国家展会数量（E9） | （个） |

续表

| 一级指标 | 二级指标 | 数值范围/单位 |
|---|---|---|
| 政策对接<br>水平（P） | 主办有关中东欧会议与论坛的数量（P1） | （个） |
| | 是否有对接中东欧国家的政府机构（P2） | 0 或 1（虚拟变量） |
| | 市领导出访中东欧国家的次数（P3） | （次） |
| | 接待中东欧国家领导的次数（P4） | （次） |
| 人文交流<br>水平（H） | 与中东欧国家友好城市数量（H1） | （座） |
| | 前往中东欧国家的游客人数（H2） | （人次） |
| | 接待中东欧国家的游客人数（H3） | （人次） |
| | 来自中东欧国家的留学生数量（H4） | （人） |
| | 前往中东欧国家的留学生数量（H5） | （人） |
| | 同中东欧国家开展的合作办学数量（H6） | （个） |
| 智库参与<br>水平（T） | 参与中国—中东欧智库网络理事单位的数量（T1） | （个） |
| | 中国与中东欧合作领域研究中心数量（T2） | （个） |
| | 中东欧研究成果活跃度（T3） | （篇） |

指标权重的确定是多要素综合评价中不可忽视的核心环节，权重确定是否合理将直接影响评价结果的可靠性和有效性。为了避免由于主观赋值法所带来的赋权随意性，且进一步夯实指标权重设定的数理基础，2019 年，课题组采用主成分分析法对地方参与中国—中东欧国家合作绩效指标体系进行了赋权计算。虽然主成分分析法保证了权重的绝对客观性，但由于完全忽略了主观信息的参考，权重分配结果有可能与实际情况存在相悖的现象。为了提升权重设定的合理性，在维护好指标信息与评价对象间内在数理联

系的同时，保障指标权重大小的排序基本与评价对象的实际情况相一致，本报告将采用主观与客观赋权法相结合的方式，利用层次—主成分分析法，将层次分析法与主成分分析法求取权重的过程有机地融合起来，以达到优化权重设定的目的。这在着力完善当前地方参与国际合作测度研究的基础上，为明确中国地方对接中东欧国家位势差异给予了更为可靠的经验支撑。

## （一）层次分析法主要步骤

20世纪70年代，美国运筹学家萨蒂（Saaty）提出了层次分析法（Analytic Hierarchy Process）。该方法被广泛运用于多层次、多要素的非结构化决策问题。层次分析法就是将目标分解为多指标若干层次，采用定性指标模糊量化，测算层次排序及总排序，以作为多指标决策的系统方法。具体步骤如下。

第一，通过确定目标层、准则层与指标层，建立起层次结构模型。

第二，邀请专家，对模型各层次变量两两进行重要性比较，建立判断矩阵。心理学研究表明：人们对于信息的极限比较能力为7±2，因此，本报告采用标度1—9，标度含义见表2，判断矩阵见表3。

表2　　　　　　　　　　　1—9 标度含义

| 标度 | 第 $i$ 指标与第 $j$ 指标的比较结果 | 说明 |
|---|---|---|
| 1 | $K_i$ 与 $K_j$ 重要性相等 | 两者对目标有相同的重要性 |
| 3 | $K_i$ 稍重要于 $K_j$ | 两者间判断差异轻微 |
| 5 | $K_i$ 重要于 $K_j$ | 两者间判断差异明显 |
| 7 | $K_i$ 甚重要于 $K_j$ | 两者间判断差异强烈 |
| 9 | $K_i$ 极端重要于 $K_j$ | 两者间判断差异极端 |
| 2，4，6，8 | 重要性在上述表述之间 | 判断属于上述两者之间 |
| $K_i$ 与 $K_j$ 比较的判断为 $K_{ij}$，则 $K_j$ 与 $K_i$ 比较的判断为 $K_{ji} = 1/K_{ij}$ | | |

表3　　　　　　　　　层次分析法中两两判断矩阵

| | $K_1$ | $K_2$ | $K_3$ | $K_4$ | … | $K_n$ |
|---|---|---|---|---|---|---|
| $K_1$ | 1 | $K_{12}$ | $K_{13}$ | $K_{14}$ | … | $K_{1n}$ |
| $K_2$ | $1/K_{12}$ | 1 | $K_{23}$ | $K_{24}$ | … | $K_{2n}$ |
| $K_3$ | $1/K_{13}$ | $1/K_{23}$ | 1 | $1/K_{34}$ | … | … |
| $K_4$ | $1/K_{14}$ | $1/K_{24}$ | $1/K_{34}$ | 1 | … | … |
| … | … | … | … | … | … | … |
| $K_n$ | $1/K_{1n}$ | … | … | … | … | 1 |

　　第三，利用判断矩阵最大特征对应的归一化特征向量计算单层权向量，依据判断矩阵得到下列各项。

$$M_i = \prod k_{ij} \tag{1}$$

$$\overline{W} = \sqrt[n]{M_i} \tag{2}$$

将向量 $\overline{W}_T = (\overline{W}_1, \overline{W}_2, \cdots, \overline{W}_n,)$ 归一化处理，

$$W_i = \overline{W}_i / \sum \overline{W}_i \tag{3}$$

$W^T = (W_1, W_2, \cdots, W_n)$ 为权重向量。

判断矩阵最大特征值 $\lambda_{\max}$：

$$AW = \begin{bmatrix} K_{11} & K_{12} & \cdots & K_{1m} \\ K_{21} & K_{22} & \cdots & K_{2m} \\ \cdots & \cdots & \cdots & \cdots \\ K_{n1} & K_{n2} & \cdots & K_{nm} \end{bmatrix} \cdot \begin{bmatrix} W_1 \\ W_2 \\ \vdots \\ W_n \end{bmatrix} = \begin{bmatrix} W'_1 \\ W'_2 \\ \vdots \\ W'_n \end{bmatrix} \quad (4)$$

$$\lambda_{\max} = \sum_{i=1}^{n} \frac{W'_i}{W_i} / n \quad (5)$$

第四，以单层次权向量为基础，计算各指标权重。通常因客观事物的复杂性与设计者认识事物的有限主观性，比较矩阵难以做到严格一致性。所以在前文分析基础上，还须一致性检验，也就是对判断矩阵非一致性程度的检验。

$$C_i = \frac{(\lambda_{\max} - n)}{(n-1)} \quad (6)$$

$$C_r = \frac{C_i}{R_i} \quad (7)$$

其中，$R_i$ 可由表4确定，若 $C_r$ 则说明排序结果符合一致性，如未通过检验，则须再次调整矩阵元素，直到检验通过。

表4　　　　　　　　　　修正值 $R_i$

| 标度 | $R_i$ | 标度 | $R_i$ |
|------|-------|------|-------|
| 1 | 0.00 | 6 | 1.24 |
| 2 | 0.00 | 7 | 1.32 |

续表

| 标度 | $R_i$ | 标度 | $R_i$ |
|---|---|---|---|
| 3 | 0.58 | 8 | 1.41 |
| 4 | 0.90 | 9 | 1.45 |
| 5 | 1.12 | 10 | 1.49 |

### （二）主成分分析法主要步骤

主成分分析是一种降维处理技术，通过将多变量转为少数指标的统计方法。在多指标系统中，由于各指标间可能存在着较强的相关性，因此数据信息极易出现重复与交叉。同时，对于多变量研究，高维度样本的分布规律不易处理。鉴于此，主成分分析法采用降维技术，通过少数综合指标代替多变量指标，从而实现各指标独立。这既可以尽量多地反映原来的指标信息，又能够直观展现不相关的特征信息。

从数理角度来讲，假定有样本量为 $n$，且每个样本共有 $p$ 个变量，因而构成了一个 $n \times p$ 阶的数据矩阵。

$$X = \begin{bmatrix} x_{11} & x_{12} & \cdots & x_{1p} \\ x_{21} & x_{22} & \cdots & x_{2p} \\ \vdots & \vdots & \ddots & \vdots \\ x_{n1} & x_{n2} & \cdots & x_{np} \end{bmatrix} \tag{8}$$

记原变量指标为 $x_1$，$x_2$，$\cdots$，$x_p$，设它们降维处理后的综合指标，即新变量为 $z_1$，$z_2$，$z_3$，$\cdots$，$z_m$（$m \leqslant p$），则

$$\begin{cases} z_1 = l_{11}x_1 + l_{12}x_2 + \cdots + l_{1p}x_p \\ z_2 = l_{21}x_1 + l_{22}x_2 + \cdots + l_{2p}x_p \\ z_3 = l_{m1}x_1 + l_{m2}x_2 + \cdots + l_{mp}x_p \end{cases} \tag{9}$$

系数 $l_{ij}$ 的确定原则如下。

① $z_i$ 与 $z_j$ （ $i \neq j$ ； $i$ ， $j = 1$ ， $2$ ， $\cdots$ ， $m$ ） 相互无关；

② $z_1$ 是 $x_1$ ， $x_2$ ， $\cdots$ ， $x_p$ 的一切线性组合中方差最大者， $z_2$ 是与 $z_1$ 不相关的 $x_1$ ， $x_2$ ， $\cdots$ ， $x_p$ 的所有线性组合中方差最大者； $z_m$ 是与 $z_1$ ， $z_2$ ， $\cdots$ ， $z_m - 1$ 都不相关的 $x_1$ ， $x_2$ ， $\cdots$ ， $x_p$ 的所有线性组合中方差最大者。

新变量指标 $z_1$ ， $z_2$ ， $\cdots$ ， $z_m$ 分别称为原变量指标 $x_1$ ， $x_2$ ， $\cdots$ ， $x_p$ 的第1，第2，$\cdots$，第 $m$ 主成分。

从以上的分析可以看出，主成分分析的实质就是确定原来变量 $x_j$ （ $j = 1$ ， $2$ ， $\cdots$ ， $p$ ） 在诸主成分 $z_i$ （ $i = 1$ ， $2$ ， $\cdots$ ， $m$ ） 上的荷载 $l_{ij}$ （ $i = 1$ ， $2$ ， $\cdots$ ， $m$ ； $j = 1$ ， $2$ ， $\cdots$ ， $p$ ）。

从数学上可以证明，它们分别是相关矩阵 $m$ 个较大的特征值所对应的特征向量。基于以上原理，主成分分析的计算步骤如下。

首先，计算相关系数矩阵。

$$R = \begin{bmatrix} r_{11} & r_{12} & \cdots & r_{1p} \\ r_{21} & r_{22} & \cdots & r_{2p} \\ \vdots & \vdots & \ddots & \vdots \\ r_{p1} & r_{p2} & \cdots & r_{pp} \end{bmatrix} \tag{10}$$

$r_{ij}$ $(i, j = 1, 2, \cdots, p)$ 为原变量 $x_i$ 与 $x_j$ 的相关系数，$r_{ij} = r_{ji}$，其计算公式为：

$$r_{ij} = \frac{\sum_{k=1}^{n} (x_{ki} - \bar{x}_i)(x_{kj} - \bar{x}_j)}{\sqrt{\sum_{k=1}^{n} (X_{ki} - x_i) \sum_{k=1}^{n} (x_{kj} - \bar{x}_j)^2}} \qquad (11)$$

第二，计算特征值与特征向量。解特征方程 $| \lambda I - R | = 0$，常用雅可比法（Jacobi）求出特征值，并使其按大小顺序排列 $\lambda_1 \geqslant \lambda_2 \geqslant, \cdots, \geqslant \lambda_p \geqslant 0$；分别求出对应于特征值 $\lambda_i$ 的特征向量 $e_i$ $(i = 1, 2, \cdots, p)$，要求 $\| e_i \| = 1$，即 $\sum_{i=1}^{p} e_{ij}^2 = 1$，其中 $e_{ij}$ 表示向量 $e_i$ 的第 $j$ 个分量。

第三，计算主成分贡献率及累计贡献率。

贡献率：$\dfrac{\lambda_i}{\sum_{k=1}^{p} \lambda_k}, (i = 1, 2, \cdots, p)$ \qquad (12)

累计贡献率：$\dfrac{\sum_{k=1}^{i} \lambda_k}{\sum_{k=1}^{p} \lambda_k}, (i = 1, 2, \cdots, p)$ \qquad (13)

一般取累计贡献率达 85%—95% 的特征值，$\lambda_1$，$\lambda_2$，$\cdots$，$\lambda_m$ 所对应的第1、第2、$\cdots$、第 $m$ $(m \leqslant p)$ 个主成分。

第四，计算主成分载荷。

$$l_{ij} = p\ (z_i,\ x_j)\ = \sqrt{\lambda_j}e_{ij},\ (i,\ j = 1,\ 2,\ \cdots,\ p)$$

$$(14)$$

第五，确定各主成分得分。

$$Z = \begin{bmatrix} z_{11} & z_{12} & \cdots & z_{1m} \\ z_{21} & z_{22} & \cdots & z_{2m} \\ \vdots & \vdots & \ddots & \vdots \\ z_{n1} & z_{n2} & \cdots & z_{nm} \end{bmatrix}$$

$$(15)$$

## （三）利用层次—主成分分析法主要步骤

层次分析法能体现专家或决策者的知识经验与偏好等主观信息，但缺乏客观的数理支撑，而主成分分析法虽有客观的数据提供支持，具有很强的客观性，但其无法体现专家的决策偏好，甚至可能出现权重结果背离人类基本的逻辑与认知。为了克服以上缺陷，本报告采用层次—主成分分析法将主客观权重进行相互修正，从而实现两种评价方法在冲突中的一致性关系，并进一步提升赋权结果的可信性与可靠性。具体步骤如下。

第一，设有 $m$ 个一级指标、n 个二级指标，每个一级指标分别包含 $n_1,\ n_2,\ \cdots,\ n_m$ 个二级指标，且 $n_1 + n_2 + \cdots + n_m = n$。通过层次分析法判断矩阵求得一级指标权重 $A = \{\alpha_1,\ \alpha_2,\ \cdots,\ \alpha_m\}$，各二级指标权重 $a = \{\beta_1,\ \beta_2,\ \cdots,\ \beta_n\}$。

第二，运用主成分分析法求得二级指标权重 $B = \{\gamma_1, \gamma_2, \cdots, \gamma_n\}$。

第三，对二级指标权重 $a$ 与主成分分析法求得的权重 $B$ 综合，求得二级指标综合权重 $C = \{\varepsilon_1, \varepsilon_2, \cdots, \varepsilon_n\}$。

$$\varepsilon_i = \beta_i \gamma_i \Big/ \sum_{i=1}^{n} \beta_i \gamma_i \qquad (16)$$

第四，按照二级指标与一级指标的对应关系，重新表示二级指标权重 $D = \{\varepsilon_{11}, \varepsilon_{12}, \cdots, \varepsilon_{1n_1}, \varepsilon_{21}, \varepsilon_{22}, \cdots, \varepsilon_{2n_2}, \cdots, \varepsilon_{m1}, \varepsilon_{m2}, \cdots, \varepsilon_{mn_m}\}$，并对每个一级指标层下的二级指标进行归一化处理，得 $E = \{\theta_{11}, \theta_{12}, \cdots, \theta_{1n_1}, \theta_{21}, \theta_{22}, \cdots, \theta_{2n_2}, \cdots, \theta_{m1}, \theta_{m2}, \cdots, \theta_{mn_m}\}$，其中，$\theta_{ij} = \varepsilon_{ij} \Big/ \sum_{j=1}^{k} \varepsilon_{ij}, k = n_1, n_2, \cdots, n_m, i = 1, 2, \cdots, m$。

第五，将一级指标权重 A 与所求得的综合权重 E 对应相乘，得到权重 $F = \{\mu_{11}, \mu_{12}, \cdots, \mu_{1n_1}, \mu_{21}, \mu_{22}, \cdots, \mu_{2n_2}, \cdots, \mu_{m1}, \mu_{m2}, \cdots, \mu_{mn_m}\}$，其中 $\mu_{ij} = \alpha_i \theta_{ij}, i = 1, 2, \cdots, mj = 1, 2, \cdots, kk \in \{n_1, n_2, \cdots, n_m\}$。

第六，将 $F$ 重新表示为 $F = \{\mu_1, \mu_2, \cdots, \mu_n\}$，对 F 进行归一化处理得 $G = \{\pi_1, \pi_2, \cdots, \pi_n\}$，其中，

$$\pi_i = \mu_i \Big/ \sum_{i=1}^{n} \mu_i, i = 1, 2, \cdots, n \qquad (17)$$

在运用层次分析法对指标赋权时，专家通常更容易把握一级指标层的重要性差异，而对二级指标的评价可能出现偏差。层次—主成分分析法充分考虑到此特点，在突出层次分析法一级指标赋权影响的同时，实现了将主客观两种方法求取权重中间过程的有机融合，避免了大量文献中仅将二级指标结果简单综合的做法，从而使得指标综合赋权更具合理性。

## 二　地方参与中国—中东欧国家合作绩效指标体系的权重设定

### （一）利用层次分析法确定指标权重

按照上一节关于层次分析法的计算方法，我们对 10 位长期从事中国—中东欧国家合作以及国际关系问题研究的专家学者进行了细致的问卷调查，并最终取各专家意见的平均值，得出各指标层的判断矩阵（见表 5 至表 10）。

表 5　　　　　　　　　一级指标层判断矩阵

| | $F$ | $E$ | $P$ | $H$ | $T$ |
|---|---|---|---|---|---|
| $F$ | 1 | 1/3 | 4 | 6 | 7 |
| $E$ | 3 | 1 | 5 | 7 | 8 |
| $P$ | 1/4 | 1/5 | 1 | 4 | 5 |
| $H$ | 1/6 | 1/7 | 1/4 | 1 | 3 |
| $T$ | 1/7 | 1/8 | 1/5 | 1/3 | 1 |

表6                                         设施联通指标判断矩阵

|        | $F_1$ | $F_2$ | $F_3$ | $F_4$ |
|--------|-------|-------|-------|-------|
| $F_1$  | 1     | 1/6   | 3     | 1/3   |
| $F_2$  | 6     | 1     | 8     | 4     |
| $F_3$  | 1/3   | 1/8   | 1     | 1/5   |
| $F_4$  | 3     | 1/4   | 5     | 1     |

表7                                         经贸合作指标判断矩阵

|        | $E_1$ | $E_2$ | $E_3$ | $E_4$ | $E_5$ | $E_6$ | $E_7$ | $E_8$ | $E_9$ |
|--------|-------|-------|-------|-------|-------|-------|-------|-------|-------|
| $E_1$  | 1     | 3     | 2     | 4     | 3     | 5     | 3     | 5     | 6     |
| $E_2$  | 1/3   | 1     | 1/3   | 2     | 1/2   | 3     | 1/2   | 3     | 4     |
| $E_3$  | 1/2   | 3     | 1     | 5     | 2     | 4     | 2     | 4     | 5     |
| $E_4$  | 1/4   | 1/2   | 1/5   | 1     | 1/3   | 2     | 1/3   | 2     | 3     |
| $E_5$  | 1/3   | 2     | 1/2   | 3     | 1     | 4     | 1     | 4     | 5     |
| $E_6$  | 1/5   | 1/3   | 1/4   | 1/2   | 1/4   | 1     | 1/4   | 1     | 3     |
| $E_7$  | 1/3   | 2     | 1/2   | 3     | 1     | 4     | 1     | 4     | 5     |
| $E_8$  | 1/5   | 1/3   | 1/4   | 1/2   | 1/4   | 1     | 1/4   | 1     | 3     |
| $E_9$  | 1/6   | 1/4   | 1/5   | 1/3   | 1/5   | 1/3   | 1/5   | 1/3   | 1     |

表8                                         政策对接指标判断矩阵

|        | $P_1$ | $P_2$ | $P_3$ | $P_4$ |
|--------|-------|-------|-------|-------|
| $P_1$  | 1     | 5     | 7     | 3     |
| $P_2$  | 1/5   | 1     | 3     | 1/3   |
| $P_3$  | 1/7   | 1/3   | 1     | 1/5   |
| $P_4$  | 1/3   | 3     | 5     | 1     |

表9                                         人文交流指标判断矩阵

|        | $H_1$ | $H_2$ | $H_3$ | $H_4$ | $H_5$ | $H_6$ |
|--------|-------|-------|-------|-------|-------|-------|
| $H_1$  | 1     | 7     | 5     | 3     | 6     | 4     |

|  | $H_1$ | $H_2$ | $H_3$ | $H_4$ | $H_5$ | $H_6$ |
|---|---|---|---|---|---|---|
| $H_2$ | 1/7 | 1 | 1/4 | 1/6 | 1/3 | 1/3 |
| $H_3$ | 1/5 | 4 | 1 | 1/3 | 2 | 1/2 |
| $H_4$ | 1/3 | 6 | 3 | 1 | 4 | 2 |
| $H_5$ | 1/6 | 4 | 1/2 | 1/4 | 1 | 1/3 |
| $H_6$ | 1/4 | 3 | 2 | 1/2 | 3 | 1 |

表 10　　　　　　　　　　　　智库参与指标判断矩阵

|  | $T_1$ | $T_2$ | $T_3$ |
|---|---|---|---|
| $T_1$ | 1 | 6 | 3 |
| $T_2$ | 1/6 | 1 | 1/4 |
| $T_3$ | 1/3 | 4 | 1 |

根据一级指标层判断矩阵，$M_1 = 1 \times \dfrac{1}{3} \times 4 \times 6 \times 7 = 56$，$M_2 = 3 \times 1 \times 5 \times 7 \times 8 = 840$，$M_3 = \dfrac{1}{4} \times \dfrac{1}{5} \times 1 \times 4 \times 5 = 1$，$M_4 = \dfrac{1}{6} \times \dfrac{1}{7} \times \dfrac{1}{4} \times 1 \times 3 = \dfrac{1}{56}$，$M_5 = \dfrac{1}{7} \times \dfrac{1}{8} \times \dfrac{1}{5} \times \dfrac{1}{3} \times 1 = \dfrac{1}{840}$。

计算各行 $M_i$ 的 $n$ 次方根植，$n$ 为矩阵的阶数，$\overline{W}_1 = \sqrt[5]{56} = 2.237$，$\overline{W}_2 = \sqrt[5]{840} = 3.845$，$\overline{W}_3 = \sqrt[5]{1} = 1$，$\overline{W}_4 = \sqrt[5]{\dfrac{1}{56}} = 0.447$，$\overline{W}_5 = \sqrt[5]{\dfrac{1}{840}} = 0.26$。

将向量 $(\overline{W}_1, \overline{W}_2, \overline{W}_3, \overline{W}_4, \overline{W}_5)$ 归一化，$W_i =$

$\overline{W}_i / \sum \overline{W}_i$ ，$W_i$ 为相应指标的权重。

$$W_1 = \frac{2.237}{2.237 + 3.845 + 1 + 0.447 + 0.26} = \frac{2.237}{7.789} =$$

$0.287$，同理，$W_2 = 0.494$，$W_3 = 0.128$，$W_4 = 0.057$，$W_5 = 0.033$。因此，一级指标层权重向量为（$0.287$，$0.494$，$0.128$，$0.057$，$0.033$）。

$$AW = \begin{pmatrix} 1 & \frac{1}{3} & 4 & 6 & 7 \\ 3 & 1 & 5 & 7 & 8 \\ \frac{1}{4} & \frac{1}{5} & 1 & 4 & 5 \\ \frac{1}{6} & \frac{1}{7} & \frac{1}{4} & 1 & 3 \\ \frac{1}{7} & \frac{1}{8} & \frac{1}{5} & \frac{1}{3} & 1 \end{pmatrix} \begin{pmatrix} 0.287 \\ 0.494 \\ 0.128 \\ 0.057 \\ 0.033 \end{pmatrix}$$

$$(AW)_1 = 1 \times 0.287 + \frac{1}{3} \times 0.494 + 4 \times 0.128 + 6 \times$$

$0.057 + 7 \times 0.033 = 1.537$，同理，$(AW)_2 = 2.668$，$(AW)_3 = 0.692$，$(AW)_4 = 0.307$，$(AW)_5 = 0.181$。

最大特征值 $\lambda_{\max} = \sum_{i=1}^{5} \frac{(AW)_i}{nW_1} = \frac{1.537}{5 \times 0.287} +$

$$\frac{2.668}{5 \times 0.494} + \frac{0.692}{5 \times 0.128} +$$

$$\frac{0.307}{5 \times 0.057} + \frac{0.181}{5 \times 0.033} = 5.406$$

计算一致性指标 $CI = \dfrac{\lambda_{\max} - n}{n - 1} = \dfrac{5.406 - 5}{5 - 1} = 0.102$，根据阶数 $n = 5$ 时的平均随机一致性数值表可知 $R_I = 1.12$，进而计算出一致性比率为 $C_R = \dfrac{CI}{R_I} = \dfrac{0.102}{1.12} = 0.091$，由于 $C_R < 0.1$，判断矩阵通过一致性检验。于是，可以确定一级指标层的权重分别为（0.287，0.49，0.128，0.057，0.033）。

根据以上步骤，对二级指标层进行权重计算。

（1）根据表6的设施联通指标的判断矩阵计算求得：权重向量为（0.106，0.615，0.05，0.23），最大特征值 $\lambda_{\max} = 4.148$，一致性比率 $C_R = 0.054 < 0.1$，通过一致性检验。因此，（0.106，0615，0.05，0.23）为各指标在 $F$ 中的权重。

（2）根据表7的经贸合作指标的判断矩阵计算求得：权重向量为（0.268，0.091，0.201，0.058，0.138，0.041，0.138，0.041，0.024），最大特征值 $\lambda_{\max} = 9.292$，一致性比率 $C_R = 0.026 < 0.1$，通过一致性检验。因此，（0.268，0.091，0.201，0.058，0.138，0.041，0.138，0.041，0.024）为各指标在 $E$ 中的权重。

（3）根据表8的政策对接指标的判断矩阵计算求得：权重向量为（0.565，0.118，0.055，0.263），最大特征值 $\lambda_{\max} = 4.119$，一致性比率 $C_R = 0.044 <$

0.1，通过一致性检验。因此，（0.565，0.118，0.055，0.263）为各指标在 $P$ 中的权重。

（4）根据表9的人文交流指标的判断矩阵计算求得：权重向量为（0.44，0.035，0.096，0.227，0.066，0.137），最大特征值 $\lambda_{max} = 6.348$，一致性比率 $C_R = 0.056 < 0.1$，通过一致性检验。因此，（0.44，0.035，0.096，0.227，0.066，0.137）为各指标在 $P$ 中的权重。

（5）根据表10的智库参与指标的判断矩阵计算求得：权重向量为（0.644，0.085，0.271），最大特征值 $\lambda_{max} = 3.054$，一致性比率 $C_R = 0.047 < 0.1$，通过一致性检验。因此，（0.644，0.085，0.271）为各指标在 $P$ 中的权重。

综上，利用层次分析法得到的地方参与中国—中东欧国家合作绩效指标体系权重见表11。

表11　　　　　利用层次分析法得到的地方参与中国—
中东欧国家合作绩效指标体系权重

| 一级指标 | 权重 | 二级指标 | 权重 |
|---|---|---|---|
| 设施联通水平（F） | 0.287 | 直航中东欧城市数量（F1） | 0.030422 |
| | | 中欧班列开行数量（F2） | 0.176505 |
| | | 与最近中欧班列开行城市的地理距离（F3）（逆向化处理） | 0.01435 |
| | | 对接中东欧港口数量（F4） | 0.06601 |

续表

| 一级指标 | 权重 | 二级指标 | 权重 |
|---|---|---|---|
| 经贸合作水平（E） | 0.494 | 对中东欧国家出口规模（E1） | 0.132392 |
| | | 对中东欧国家出口增速（E2） | 0.044954 |
| | | 从中东欧国家进口规模（E3） | 0.099294 |
| | | 从中东欧国家进口增速（E4） | 0.028652 |
| 经贸合作水平（E） | 0.494 | 对中东欧国家直接投资规模（E5） | 0.068172 |
| | | 对中东欧国家直接投资增速（E6） | 0.020254 |
| | | 吸收中东欧国家投资规模（E7） | 0.068172 |
| | | 吸收中东欧国家投资增速（E8） | 0.020254 |
| | | 面向中东欧国家展会数量（E9） | 0.011856 |
| 政策对接水平（P） | 0.128 | 主办有关中东欧会议与论坛的数量（P1） | 0.07232 |
| | | 是否有对接中东欧国家的政府机构（P2） | 0.015104 |
| | | 市领导出访中东欧国家的次数（P3） | 0.00704 |
| | | 接待中东欧国家领导的次数（P4） | 0.033664 |
| 人文交流水平（H） | 0.057 | 与中东欧国家友好城市数量（H1） | 0.02508 |
| | | 前往中东欧国家的游客人数（H2） | 0.001995 |
| | | 接待中东欧国家的游客人数（H3） | 0.005472 |
| | | 来自中东欧国家的留学生数量（H4） | 0.012939 |
| | | 前往中东欧国家的留学生数量（H5） | 0.003762 |
| | | 同中东欧国家开展的合作办学数量（H6） | 0.007809 |
| 智库参与水平（T） | 0.033 | 参与中国—中东欧智库网络理事单位的数量（T1） | 0.021252 |
| | | 中国与中东欧合作领域研究中心数量（T2） | 0.002805 |
| | | 中东欧研究成果活跃度（T3） | 0.008943 |

## （二）利用主成分分析法设定指标权重

### 1. 原始数据的选取与处理

报告选取了中国主要城市作为参考样本，将各城市 2019 年的指标数据引入模型，在合理量化地方参与中国—中东欧国家合作程度的同时，进一步实现各城市对接位势的横向对比。

需要说明的是，地方指标数据主要来源于各市统计局网站、各地方政府工作报告以及各地方政府相关部门，渠道相对分散。随着未来数据获取渠道的拓展与完善，该指标结果的准确性将进一步提升。同时，指标 F3 属于逆指标，即与参与中国—中东欧国家合作绩效指数呈负相关关系，因此本报告将对其进行正向化处理，以满足综合指标体系构建的同向化需求。此外，由于城市规模存在差异，且各指标量级不同，因此本报告在对数据进行相对化处理的基础上，采用离差标准化法消除了指标之间的纲量影响，将数据结果映射到 [0，1] 之间，从而实现不同量级指标的客观可比。

离差标准化法具体转换函数如下：

$$z_{ij} = \frac{x_{ij} - \min\ (x_j)}{\max\ (x_j)\ -\ \min\ (x_j)} \qquad (18)$$

其中，$z_{ij}$ 为标准化处理后的数据值，$x_{ij}$ 为原始数据值，$\max\ (x_j)$ 与 $\min\ (x_j)$ 分别为原始数据的最大值及最小值。

2. 指标权重的设定

第一，在开展主成分分析之前，本课题对不同指标数据进行了相关性分析。结果显示，指标间相关系数的绝对值大部分大于 0.3，其中少数相关系数甚至达到了 0.9 以上，因而呈现出了明显的互动关系，可以证明指标信息存在着内在重叠，主成分分析较为适用。

第二，在主成分个数提取方面，本课题以样本特征值大小与方差积累贡献率为依据。其一，特征值大小通常被看作反映主成分作用大小的指标，更大的特征值意味着更强的解释力度。其二，方差积累贡献率度量了主成分对于原变量的变异性解释程度，同样也被认为主成分选择的关键依据。本报告运用 Eviews 8.0 对标准化后的数据进行处理，得到了相应的主成分特征值及方差积累贡献率，具体结果见表12及图1。

表12　　　　　　　　　　主成分特征值及方差贡献率

| 主成分 | 初始特征值 | 方差贡献率 | 积累贡献率 | 提取特征值 | 贡献率 | 积累贡献率 |
|---|---|---|---|---|---|---|
| 1 | 7.363194 | 0.2832 | 0.2832 | 7.363194 | 0.2832 | 0.2832 |
| 2 | 4.44188 | 0.1708 | 0.454 | 4.44188 | 0.1708 | 0.454 |
| 3 | 3.493771 | 0.1344 | 0.5884 | 3.493771 | 0.1344 | 0.5884 |
| 4 | 2.225696 | 0.0856 | 0.674 | 2.225696 | 0.0856 | 0.674 |
| 5 | 2.0018 | 0.077 | 0.751 | 2.0018 | 0.077 | 0.751 |
| 6 | 1.539877 | 0.0592 | 0.8102 | 1.539877 | 0.0592 | 0.8102 |
| 7 | 1.153107 | 0.0444 | 0.8546 | 1.153107 | 0.0444 | 0.8546 |
| 8 | 0.985943 | 0.0379 | 0.8925 | 0.985943 | 0.0379 | 0.8925 |
| 9 | 0.588373 | 0.0226 | 0.9151 | — | — | — |
| 10 | 0.574467 | 0.0221 | 0.9372 | — | — | — |
| 11 | 0.509782 | 0.0196 | 0.9568 | — | — | — |
| 12 | 0.33333 | 0.0128 | 0.9697 | — | — | — |
| 13 | 0.247943 | 0.0095 | 0.9792 | — | — | — |
| 14 | 0.200573 | 0.0077 | 0.9869 | — | — | — |
| 15 | 0.121463 | 0.0047 | 0.9916 | — | — | — |
| 16 | 0.089364 | 0.0034 | 0.995 | — | — | — |
| 17 | 0.064382 | 0.0025 | 0.9975 | — | — | — |

续表

| 主成分 | 初始特征值 | 方差贡献率 | 积累贡献率 | 提取特征值 | 贡献率 | 积累贡献率 |
|---|---|---|---|---|---|---|
| 18 | 0.025004 | 0.001 | 0.9985 | — | — | — |
| 19 | 0.015515 | 0.0006 | 0.9991 | — | — | — |
| 20 | 0.011116 | 0.0004 | 0.9995 | — | — | — |
| 21 | 0.009475 | 0.0004 | 0.9998 | — | — | — |
| 22 | 0.003943 | 0.0002 | 1 | — | — | — |

注：表中省略了过小的初始特征值。

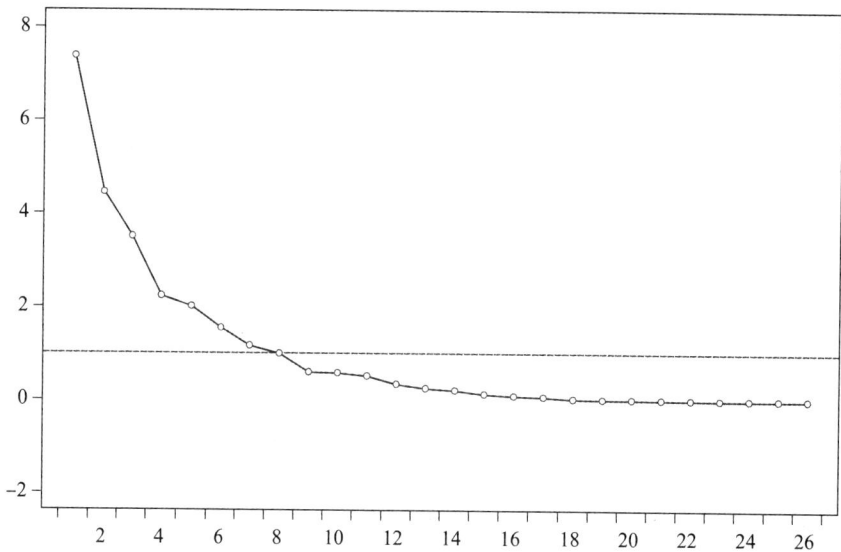

图 1　碎石图

由表 12 与图 1 可知，前 8 个主成分所对应的特征值分别为 7.363194、4.44188、3.493771、2.225696、2.0018、1.539877、1.153107 及 0.985943，且前 7 个主成分解释了地方参与中国—中东欧国家合作绩效指标的 89.25%，较好地体现了 26 个二级指标的总体情况，因此采用前 7 个主成分确定权重具有一定的合理性。

第三，主成分对应特征值的特征向量是各指标在不同主成分函数表达式中的相应系数，而在本课题中所提取的 8 个主成分特征值的特征向量矩阵见表 13。

以方差贡献率提取主成分，对各主成分的特征向量进行加权平均，同时将所求结果进行归一化处理，从而得到了地方参与中国—中东欧国家合作绩效指标体系权重。具体指标权重见表 14。

### （三）利用层次—主成分分析法确定指标权重

利用上文公式（16），得到二级指标综合权重 $C = \{0.049, 0.019, 0.015, 0.082, 0.116, 0.031, 0.128, 0.019, 0.054, 0.031, 0.043, 0.004, 0.024, 0.135, 0.037, 0.008, 0.04, 0.049, 0.001, 0.006, 0.017, 0.002, 0.013, 0.052, 0.007, 0.02\}$。

对 $C$ 中每个一级指标层下的二级指标进行归一化处理，并与层次分析法一级指标权重 $A = (0.287, 0.494, 0.128, 0.057, 0.033)$ 相乘，可得到权重 $F = \{0.086, 0.032, 0.026, 0.143, 0.128, 0.034, 0.14, 0.021, 0.059, 0.034, 0.048, 0.004, 0.026, 0.079, 0.022, 0.004, 0.023, 0.032, 0.001, 0.004, 0.011, 0.001, 0.009, 0.022, 0.003, 0.008\}$。

为降低误差，再对 $F$ 进行归一化处理，得到利用层次—主成分分析法计算的地方参与中国—中东欧国家合作绩效指标体系权重，见表 15。

表13　特征向量矩阵

| 评价指标 | 主成分 | | | | | | | |
| --- | --- | --- | --- | --- | --- | --- | --- | --- |
| | 1 | 2 | 3 | 4 | 5 | 6 | 7 | 8 |
| 直航中东欧城市数量（F1） | -0.022913 | 0.336335 | 0.141956 | 0.13669 | 0.110058 | 0.206908 | -0.03401 | -0.49121 |
| 中欧班列开行数量（F2） | -0.054749 | -0.149123 | -0.010395 | -0.052656 | 0.339581 | 0.208436 | 0.351195 | -0.04824 |
| 与最近中欧班列开行城市的地理距离（F3） | -0.037143 | -0.087016 | 0.030411 | 0.034989 | 0.442994 | 0.167528 | 0.608437 | -0.006957 |
| 对接中东欧港口数量（F4） | 0.226831 | -0.002711 | -0.190005 | 0.005652 | 0.200393 | -0.095208 | 0.040897 | 0.339288 |
| 对中东欧国家出口规模（E1） | 0.226648 | -0.011116 | -0.069764 | -0.19546 | 0.364949 | -0.171868 | -0.239554 | 0.033437 |
| 对中东欧国家出口增速（E2） | -0.087932 | 0.300643 | 0.19767 | -0.33439 | -0.009597 | -0.062566 | 0.177003 | 0.190688 |
| 从中东欧国家进口规模（E3） | 0.010266 | 0.109358 | -0.019655 | -0.00482 | 0.378784 | 0.400633 | -0.397679 | 0.309271 |
| 从中东欧国家进口增速（E4） | 0.051035 | -0.142513 | -0.08154 | 0.597916 | -0.010222 | -0.017636 | 0.080851 | 0.042338 |
| 对中东欧国家直接投资规模（E5） | 0.120355 | 0.125463 | -0.12523 | 0.085912 | 0.282984 | -0.426645 | 0.049881 | -0.120888 |
| 对中东欧国家直接投资增速（E6） | 0.338379 | 0.049733 | -0.092172 | -0.148163 | -0.0831 | -0.044381 | 0.144371 | 0.004281 |
| 吸收中东欧国家投资规模（E7） | -0.053634 | 0.253579 | 0.045429 | -0.004922 | 0.229909 | -0.485627 | 0.098696 | 0.137435 |
| 吸收中东欧国家投资增速（E8） | -0.175286 | 0.065978 | 0.225081 | 0.140144 | -0.23476 | -0.0804 | 0.169207 | 0.572798 |
| 面向中东欧国家展会数量（E9） | 0.309522 | -0.070384 | -0.015054 | 0.297929 | -0.059841 | -0.016981 | 0.160827 | 0.042976 |
| 主办有关中东欧会议与论坛的数量（P1） | 0.350017 | 0.047199 | -0.027914 | -0.117171 | -0.098023 | 0.036292 | 0.137754 | 0.025579 |

续表

| 评价指标 | 主成分 | | | | | | | |
|---|---|---|---|---|---|---|---|---|
| | 1 | 2 | 3 | 4 | 5 | 6 | 7 | 8 |
| 是否有对接中东欧国家的政府机构（P2） | 0.186335 | -0.033446 | 0.243533 | 0.202532 | 0.07999 | 0.262768 | -0.073977 | 0.266105 |
| 市领导出访中东欧国家的次数（P3） | 0.230796 | -0.210107 | 0.221005 | -0.045502 | -0.05108 | 0.039425 | 0.018772 | 0.002873 |
| 接待中东欧国家领导的次数（P4） | 0.234239 | -0.035903 | -0.09491 | 0.356633 | -0.06805 | -0.101704 | -0.06712 | -0.073809 |
| 与中东欧国家友好城市数量（H1） | 0.271105 | 0.147587 | -0.144711 | -0.08774 | 0.058466 | 0.31595 | -0.046018 | 0.08872 |
| 前往中东欧国家的游客人数（H2） | 0.104674 | -0.221833 | 0.406395 | -0.081908 | 0.109284 | -0.053374 | -0.131803 | -0.095643 |
| 接待中东欧国家的游客人数（H3） | 0.067789 | -0.136488 | 0.353671 | 0.132314 | 0.305846 | -0.21917 | -0.223105 | -0.044915 |
| 来自中东欧国家的留学生数量（H4） | 0.256954 | -0.129001 | 0.297614 | -0.153756 | -0.102649 | -0.063691 | -0.007535 | -0.00944 |
| 前往中东欧国家的留学生数量（H5） | 0.055418 | -0.209885 | 0.399026 | -0.098788 | -0.066438 | -0.000647 | 0.13734 | -0.077249 |
| 同中东欧国家开展的合作办学数量（H6） | 0.337187 | 0.087676 | -0.107541 | -0.140358 | -0.085232 | 0.019902 | 0.12701 | 0.0489 |
| 参与17+1智库网络理事单位的数量（T1） | 0.015326 | 0.382737 | 0.264247 | 0.180326 | 0.007079 | 0.008296 | 0.036237 | 0.028094 |
| 中国与中东欧合作领域研究中心数量（T2） | 0.246516 | 0.299736 | 0.089157 | -0.001194 | -0.057039 | 0.115067 | 0.164788 | -0.193686 |
| 中东欧研究成果活跃度（T3） | -0.032923 | 0.39299 | 0.218028 | 0.17447 | 0.055713 | 0.070905 | 0.02401 | 0.01121 |

表 14　　利用主成分分析法得到的地方参与中国—中东欧国家
合作绩效指标体系权重

| 一级指标 | 权重 | 二级指标 | 权重 |
|---|---|---|---|
| 设施联通水平（F） | 0.11859196 | 直航中东欧城市数量（F1） | 0.048009584 |
| | | 中欧班列开行数量（F2） | 0.003132688 |
| | | 与最近中欧班列开行城市的地理距离（F3）（逆向化处理） | 0.030601928 |
| | | 对接中东欧港口数量（F4） | 0.036847797 |
| 经贸合作水平（E） | 0.25705605 | 对中东欧国家出口规模（E1） | 0.026087344 |
| | | 对中东欧国家出口增速（E2） | 0.020428623 |
| | | 从中东欧国家进口规模（E3） | 0.03818213 |
| | | 从中东欧国家进口增速（E4） | 0.019649639 |
| | | 对中东欧国家直接投资规模（E5） | 0.023442469 |
| | | 对中东欧国家直接投资增速（E6） | 0.044782517 |
| | | 吸收中东欧国家投资规模（E7） | 0.018864457 |
| | | 吸收中东欧国家投资增速（E8） | 0.00598327 |
| | | 面向中东欧国家展会数量（E9） | 0.059635627 |
| 政策对接水平（P） | 0.19609927 | 主办有关中东欧会议与论坛的数量（P1） | 0.055449089 |
| | | 是否有对接中东欧国家的政府机构（P2） | 0.073262986 |
| | | 市领导出访中东欧国家的次数（P3） | 0.031853419 |
| | | 接待中东欧国家领导的次数（P4） | 0.035533743 |
| 人文交流水平（H） | 0.21152568 | 与中东欧国家友好城市数量（H1） | 0.058049277 |
| | | 前往中东欧国家的游客人数（H2） | 0.020491185 |
| | | 接待中东欧国家的游客人数（H3） | 0.031320381 |
| | | 来自中东欧国家的留学生数量（H4） | 0.038023104 |
| | | 前往中东欧国家的留学生数量（H5） | 0.013432022 |
| | | 同中东欧国家开展的合作办学数量（H6） | 0.050209689 |
| 智库参与水平（T） | 0.216727 | 参与中国—中东欧智库网络理事单位的数量（T1） | 0.072523266 |
| | | 中国与中东欧合作领域研究中心数量（T2） | 0.078886314 |
| | | 中东欧研究成果活跃度（T3） | 0.065317423 |

表 15　　　　　　　　利用层次—主成分分析法得到的地方参与

中国—中东欧国家合作绩效指标体系权重

| 一级指标 | 权重 | 二级指标 | 权重 |
|---|---|---|---|
| 设施联通水平（F） | 0.11859196 | 直航中东欧城市数量（F1） | 0.085895928 |
| | | 中欧班列开行数量（F2） | 0.032518539 |
| | | 与最近中欧班列开行城市的地理距离（F3）（逆向化处理） | 0.025826025 |
| | | 对接中东欧港口数量（F4） | 0.143046795 |
| 经贸合作水平（E） | 0.494494494 | 对中东欧国家出口规模（E1） | 0.12797047 |
| | | 对中东欧国家出口增速（E2） | 0.034027151 |
| | | 从中东欧国家进口规模（E3） | 0.140475735 |
| | | 从中东欧国家进口增速（E4） | 0.020860642 |
| | | 对中东欧国家直接投资规模（E5） | 0.059214428 |
| | | 对中东欧国家直接投资增速（E6） | 0.033607597 |
| | | 吸收中东欧国家投资规模（E7） | 0.047650614 |
| | | 吸收中东欧国家投资增速（E8） | 0.004490219 |
| | | 面向中东欧国家展会数量（E9） | 0.026197638 |
| 政策对接水平（P） | 0.128128128 | 主办有关中东欧会议与论坛的数量（P1） | 0.078598146 |
| | | 是否有对接中东欧国家的政府机构（P2） | 0.021688827 |
| | | 市领导出访中东欧国家的次数（P3） | 0.004395297 |
| | | 接待中东欧国家领导的次数（P4） | 0.023445859 |
| 人文交流水平（H） | 0.057057057 | 与中东欧国家友好城市数量（H1） | 0.031915587 |
| | | 前往中东欧国家的游客人数（H2） | 0.000896166 |
| | | 接待中东欧国家的游客人数（H3） | 0.00375709 |
| | | 来自中东欧国家的留学生数量（H4） | 0.010785164 |
| | | 前往中东欧国家的留学生数量（H5） | 0.001107742 |
| | | 同中东欧国家开展的合作办学数量（H6） | 0.008595308 |
| 智库参与水平（T） | 0.033033033 | 参与中国—中东欧智库网络理事单位的数量（T1） | 0.021695657 |
| | | 中国与中东欧合作领域研究中心数量（T2） | 0.0031148 |
| | | 中东欧研究成果活跃度（T3） | 0.008222576 |

# 三　中国地方参与中国—中东欧<br>国家合作绩效测度结果

依据上文对于指标权重的计算结果，将样本城市经标准化后的数据进行加权求和，便可测得中国样本城市参与中国—中东欧国家合作的绩效水平。为了使得绩效测度结果表达更为直观且便于理解，本报告将综合测度及分项测度满分均设为100分，并依次对排名前15位的城市进行展示。

在综合绩效方面，由表16可见，宁波依然是当前国内地方参与中国—中东欧国家合作水平最高的城市，虽然较上一年度领先其他城市指数得分有所收窄，但仍存在着明显的对接优势。作为国内首个中国—中东欧国家经贸合作示范区，宁波不仅在推进同中东欧国家各领域合作中先人一步，而且通过不断挖掘对接潜力、探索合作机遇，同中东欧国家的合作承载力不断提升，使其进一步积攒了国内地方参与中国—中东欧国家合作首选之地的底气，为中国—中东欧国家合作注入了强劲的地方活力。天津、厦门、北京、上海的绩效指数得分均超过了58分，分列中国地方参与中国—中东欧国家合作综合绩效的第2位至第5位，表现同样突出。其中厦门在2019年从2018年的第4位上升至第 3 位，与中东欧国家往来密切度有所上升，合作前沿地位得以凸显。总体而言，相较于 2018 年，2019 年中国地方参与中国—中东欧国家合作更趋活跃，多数城市综合绩效稳中有升，城市间差异显著下降，但综合测度前 15 位城市的综合绩效均值得分（48.14）仍反映出中国城市同中东欧国家合作存在明显"缺口"，未来地方参与中国—中东欧国家合作仍具有极大的拓展优化空间。

表 16　　　　　地方参与中国—中东欧国家合作综合绩效测度结果

| 城市 | 参与中国—中东欧国家合作综合绩效指数 | 排名 |
| --- | --- | --- |
| 宁波 | 100 | 1 |
| 天津 | 67.91287 | 2 |
| 厦门 | 65.50841 | 3 |
| 北京 | 58.67702 | 4 |
| 上海 | 58.11881 | 5 |
| 深圳 | 49.46457 | 6 |
| 苏州 | 47.44643 | 7 |
| 沈阳 | 43.30542 | 8 |
| 大连 | 43.26616 | 9 |
| 广州 | 37.83503 | 10 |
| 成都 | 34.50495 | 11 |
| 西安 | 31.99446 | 12 |
| 青岛 | 30.21474 | 13 |
| 南京 | 28.28689 | 14 |
| 武汉 | 25.55343 | 15 |

在分项测度方面（具体排名见表 17 至表 21），首

先，中国地方参与中国—中东欧国家合作设施联通水平得分最高的 5 个城市分别为天津、宁波、广州、上海以及厦门，均为沿海城市，其中天津连续两年位居该分项排名第 1，宁波、广州、厦门也再次进入前 5 位。可见，先天的港口对接优势是以上城市实现设施联通水平领先的关键因素。其次，2019 年，中欧班列增运潜力进一步释放，有力的铁路运输保障使得西安、重庆、成都等枢纽节点城市的设施联通排名均有所上升，并在该分项指标中保持了国内居前的地位。

表 17　　　　　　　设施联通水平测度结果

| 城市 | 设施联通水平得分 | 排名 |
| --- | --- | --- |
| 天津 | 100 | 1 |
| 宁波 | 81.42329 | 2 |
| 广州 | 68.43144 | 3 |
| 上海 | 65.29704 | 4 |
| 厦门 | 60.5393 | 5 |
| 大连 | 59.72143 | 6 |
| 西安 | 57.4049 | 7 |
| 北京 | 53.47993 | 8 |
| 重庆 | 43.18782 | 9 |
| 深圳 | 36.86288 | 10 |
| 南京 | 34.97628 | 11 |
| 苏州 | 31.77672 | 12 |
| 成都 | 28.97074 | 13 |
| 武汉 | 27.7772 | 14 |
| 长沙 | 25.63425 | 15 |

表 18 经贸合作水平测度结果

| 城市 | 经贸合作水平 | 排名 |
| --- | --- | --- |
| 宁波 | 100 | 1 |
| 厦门 | 98.68713 | 2 |
| 天津 | 76.16208 | 3 |
| 深圳 | 72.78286 | 4 |
| 上海 | 72.60888 | 5 |
| 北京 | 66.81839 | 6 |
| 苏州 | 64.48754 | 7 |
| 沈阳 | 61.97132 | 8 |
| 青岛 | 44.86752 | 9 |
| 杭州 | 36.90819 | 10 |
| 武汉 | 34.9782 | 11 |
| 长沙 | 34.88763 | 12 |
| 成都 | 32.98034 | 13 |
| 大连 | 32.59296 | 14 |
| 广州 | 31.55659 | 15 |

表 19 政策对接水平测度结果

| 城市 | 政策对接水平 | 排名 |
| --- | --- | --- |
| 宁波 | 100 | 1 |
| 大连 | 39.09968 | 2 |
| 成都 | 36.38403 | 3 |
| 唐山 | 25.93239 | 4 |
| 苏州 | 23.90919 | 5 |
| 北京 | 23.50761 | 6 |
| 沈阳 | 21.64878 | 7 |
| 杭州 | 21.34573 | 7 |
| 深圳 | 19.28403 | 9 |

续表

| 城市 | 政策对接水平 | 排名 |
|------|------|------|
| 上海 | 9.057402 | 10 |
| 重庆 | 7.258612 | 10 |
| 郑州 | 3.730446 | 12 |
| 天津 | 3.028644 | 13 |
| 厦门 | 2.797834 | 14 |
| 广州 | 1.931656 | 15 |

表20 **人文交流水平测度结果**

| 城市 | 人文交流水平 | 排名 |
|------|------|------|
| 宁波 | 100 | 1 |
| 北京 | 33.27463 | 2 |
| 沈阳 | 29.7698 | 3 |
| 上海 | 28.83358 | 4 |
| 南京 | 27.71304 | 5 |
| 深圳 | 27.11244 | 6 |
| 西安 | 21.8189 | 7 |
| 济南 | 21.79028 | 8 |
| 天津 | 14.54865 | 9 |
| 成都 | 13.17168 | 10 |
| 杭州 | 12.87527 | 11 |
| 青岛 | 11.44721 | 12 |
| 大连 | 10.91571 | 13 |
| 广州 | 10.8974 | 14 |
| 福州 | 9.129802 | 15 |

表21 **智库参与水平测度结果**

| 城市 | 智库参与水平 | 排名 |
|------|------|------|
| 北京 | 100 | 1 |

续表

| 城市 | 智库参与水平 | 排名 |
| --- | --- | --- |
| 上海 | 17.88914 | 2 |
| 宁波 | 13.22825 | 3 |
| 西安 | 7.121314 | 4 |
| 石家庄 | 6.758431 | 5 |
| 成都 | 5.991619 | 6 |
| 南京 | 5.485965 | 7 |
| 广州 | 5.480473 | 8 |
| 杭州 | 5.028242 | 9 |
| 重庆 | 4.764109 | 10 |
| 武汉 | 3.841963 | 11 |
| 唐山 | 3.16478 | 12 |
| 苏州 | 2.246077 | 13 |
| 天津 | 2.028199 | 14 |
| 济南 | 1.608263 | 15 |

随着中国—中东欧国家合作的不断深入，中国同中东欧国家间的贸易投资往来也日益密切，体现了双方发展利益持续深层融合的良好合作趋势，以更加牢固的利益纽带为中国—中东欧国家合作夯实了共赢根基。在地方参与中国—中东欧国家合作绩效指标体系中，经贸合作水平是衡量综合绩效五大维度中最为重要的维度。作为国家层面合作的细化与支撑，2019年，中国地方层面同中东欧国家经贸合作水平总体上升，且各地差异同样出现了收窄的发展态势。宁波已连续第二年位居地方参与中国—中东欧国家合作经贸合作水平第 1 名，对于中东欧国家市场的不断开拓、

自身开放环境的有效改善以及针对性商贸促进活动的积极开展，使其成为中国同中东欧经贸对接的前沿高地，未来合作潜力空间巨大。厦门、天津、深圳、上海分列地方参与中国—中东欧国家合作经贸合作分项得分的第 2 位到第 5 位，营商环境优越，同中东欧国家经贸合作规模较上一年进一步扩大，合作层次有所上升，为中国—中东欧国家经贸合作发展提供了优良的地方平台。

城市的开放发展离不开政策的有力支持。在政策对接方面，宁波启动建设了全国首个中国—中东欧国家经贸合作示范区，设立了国内首个地方对接中东欧事务的政府机构——宁波中东欧博览与合作事务局，出台了首个地方层面针对中东欧国家的优惠政策，举办了首届国家级中国—中东欧国家博览会等。众多的第一以及地方政府对于中国—中东欧国家合作的高度重视为其全方位对接中东欧提供了国内最优的政策环境保障，且显著领先于国内其他城市。大连在政策对接水平上同样表现出色，分项得分排名从 2018 年的第 15 位上升至 2019 年的第 2 位。2019 年，大连市全面加大了面向中东欧国家的政策倾斜力度，深入推进建设辽宁中国—中东欧经贸合作示范区核心载体城市，有效优化了参与中国—中东欧国家合作的政策软环境，为加快形成"南有宁波，北有大连"的中东欧国家合作样板奠定了政策基础。此外，成都、唐山、苏州在政策对接水平上表现良好，分列政策对接水平的第3、第4以及第5名。积极的政策引导与主动的开放定位调整，使得以上城市在该项指标中脱颖而出。

作为中国—中东欧国家合作的根本基础与关键依托，人文交流是推进中国同中东欧国家互信互利、共赢发展的重要纽带，也是促进地方同中东欧人民相交相知、互信互敬的对接桥梁。中国城市同中东欧国家的人文交流指标包含友好城市、双向旅游、合作办学等多项指标因素，为衡量中国—中东欧国家合作的人文领域往来提供了合理参考。目前，中国地方参与中国—中东欧国家合作人文交流水平最高的城市为宁波。形式多样的文化互动以及紧密的教育联系为中国与中东欧国家架起了沟通的桥梁，有效助力宁波在中东欧国家知名度与影响力的提升。北京在该分项得分中已连续两年排名第2位，文化中心及国际交往中心的战略定位赋予了北京构建中国—中东欧国家合作对外人文交流平台的先天优势，而各类机制化的交流合作也为北京宣介城市文化、提升合作吸引力奠定了良好契机。

从智库参与度得分来看，北京在这一分项测度上遥遥领先，集中的学术资源、有力的政策保障以及明确的城市发展定位使得北京拥有国内其他城市所不具备的智库建设与国际对接优势，展现出了其作为中国与中东欧国家智库交流合作中心城市难以撼动的地位与实力。上海在相关成果产出方面同样表现突出，虽然与北京差距明显，但仍在 2019 年度智库参与水平测度中排名第 2 位，连续两年保持这一名次。宁波在该分项得分位列第 3，较上一年度上升了四位，进一步体现了其专业智库建设的成效，为配合其深入推进中国—中东欧国家经贸合作示范区发展提供了智力储备与支撑。

# 地方报告

# 沪甬同中东欧地区合作的
# 比较与展望<sup>*</sup>

2012 年"中国—中东欧国家合作"机制诞生后，中国境内多个城市和地方积极响应，将中东欧地区作为对外开展经贸合作与人文交流的重点对象，积极开发交流机会，挖掘合作潜能。当前，中国—中东欧国家合作机制已经发展了近 10 年。由于多个地方的积极参与，地方合作已经逐渐发展壮大为中国与中东欧地区合作的重要支柱之一。地方合作对于中国—中东欧国家合作的价值不仅仅在于年度性地将中国—中东欧国家合作机制中政治最高层达成的合作意向和各个部委官员之间的积极互动落实成具体可见、民众受益的丰富成果，还在于将民间的合作积极性自上而下、源源不断地向上传递，成为维持中国—中东欧国家合作持久发展、各方认可的又一力量源泉。

---

* 龙静，上海国际问题研究院、欧洲研究中心。

上海和宁波都是长三角地区的重要城市，是在对外经贸合作中居于领先地位的城市，也是在改革开放中发挥先试先行作用的城市。在中国—中东欧国家合作和"一带一路"倡议的框架下，上海和宁波立足各自优势，积极开展同中东欧地区的经贸与人文合作，取得了丰硕的成果。同时，彼此之间也存在互学互鉴的巨大空间。"长三角区域一体化发展"这一国家级战略为沪甬两城汇聚资源、携手合作提供了更好的契机。中东欧地区合作可以成为上海与宁波两市在经济外交领域错位发展、互补发展、合作发展的重点抓手。两市合作，不仅可以联手推动长三角地区对中东欧地区合作跃上新台阶，也能借此机会对外充分展示中国经济最为活跃地区在"国内国际双循环"新发展格局建设中的作用与地位。

# 一　地方城市参与"中国—中东欧国家合作"的主要类别及特点

依据参与中国—中东欧国家合作所凭借的核心资源，当前积极开展对中东欧国家合作的城市大致可以分成以下几类。其一是利用铁路或航运线路等既有交通运输资源，期待借助中欧班列或航运线路发挥交通枢纽作用的地方城市，例如郑州、重庆等。这些城市利用"郑新欧""渝新欧"等中欧班列路线发挥物流运输的枢纽功能。其二是利用既有的产业布局特色，对接中东欧的特定国家或次区域，开展以产业为特色和抓手的合作的城市。例如，河北沧州以中小企业为切入点，开展同中小企业的投资合作；河北石家庄通过河北钢铁对塞尔维亚斯梅代雷沃钢铁厂的收购，加深了同塞尔维亚的合作关系。其三是利用和中东欧国家合作多年的既有资源、扩大合作规模和深化合作程度的城市。例如，北京云集中东欧各国使馆，本来就是中东欧国家开展对华经贸合作和人文交流时最先进入的城市，已经拥有相对较为丰富的资源优势，因此在此基础上充分利用中国—中东欧国家合作机制提供的各种动力，进一步加大合作力度自然是顺势而为。

根据上述分类，宁波和上海拥有不同的资源优势，因此选择的合作路径也不尽相同，在与中东欧国家开展合作的地方城市中体现出不同的类别特征。

## 二 宁波参与"中国—中东欧国家合作"的优势分析

宁波地处中国最富裕的长三角地区，经济发达，产业形态丰富，并拥有世界十大港口之一的宁波舟山港。宁波的区位地理、物流设施和产业特点为宁波选择以中东欧地区作为对外经贸重点、以发展商品贸易为抓手的战略选择提供了有利条件。

首先，宁波具有第一类地方城市借助交通运输资源发展对外物流合作的显著特征。宁波舟山港位于中国大陆海岸线的中部，地处"21世纪海上丝绸之路"和"丝绸之路经济带"的交汇点上，具有联通东西、辐射南北的优势，可有效衔接中国的中西部区域与"一带一路"沿线的国家和地区。在新冠肺炎疫情暴发前的2019年，宁波舟山港完成货物吞吐量11.19亿吨，连续11年位居全球港口第一。同时，全年累计完成集装箱吞吐量超过2753万标准箱，排名全球第3。① 在疫情影响下的2020年，宁波舟山港实现逆势增长，进一步巩固了自己的国际排名。② 借助舟山港的港口物流优势，宁波努力打造宁波—中东欧物流大通道。一方面，宁波推进舟山港与中东欧主要港口，如康斯坦萨港、格但斯克港的物流运输合作，增开直航线路。当前，在总数达260条的全港航线中，与"一带一路"相关的航线已超过100条。另一方面，宁波积极探索新的物流发展模式，包括建设海外仓，与优质境外物

① 《宁波舟山港"双11"炼成记》，《中国水运报》2020年1月24日第3版。

② 浙江省国资委：《宁波舟山港2020年完成货物吞吐量11.72亿吨同比增长4.7%》，国务院国有资产监督管理委员会，http://www.sasac.gov.cn/n2588035/n2588330/n2588365/c16624139/content.html。

流公司加强合作；和重庆联手打造"甬渝新欧"物流合作模式，即把中欧班列（重庆）与渝甬班列串联起来，通过铁铁联运的方式，打造一条贯穿东西的国际物流大通道。①

站在中东欧物流运输枢纽的基础上，宁波还积极推动自身发展成为中国—中东欧海关检验检疫信息的枢纽。2016—2019 年，宁波海关及原宁波出入境检验检疫局承办了四届中国—中东欧国家海关检验检疫合作对话会，累计签署了 6 个双边议定书或备忘录。2021 年 4 月，中国—中东欧国家海关信息中心在宁波揭牌成立，负责中国—中东欧海关检验检疫法律法规及政策措施沟通交流、信息发布及咨询答复等工作。②

其次，宁波也具有第二类地方城市借助本身产业特点发展对外经贸关系的显著特征。除了港口业之外，宁波市的传统制造业相当发达。例如，宁波的服装行业占浙江省总产量的 40%，而浙江省又占据了中国服装行业的半壁江山。宁波的其他支柱性产业还包括石化、钢铁制造、汽车零配件、家电等。上述产业特点使得宁波与中东欧国家贸易互补性很强。总体来看，

① 《重庆与宁波共建"甬渝新欧"物流合作项目》，《重庆日报》2018 年 5 月 28 日。

② 《开启"17 + 1"发展新征程　中国—中东欧国家海关信息中心花落宁波》，海关总署，2021 - 04 - 29，http：//www. customs. gov. cn/customs/xwfb34/mtjj35/3648315/index. html。

宁波市对中东欧国家的主要出口商品是纺织服装、灯具及照明装置、液晶显示板、塑料制品等轻工家用产品；主要从中东欧国家进口废金属、铜、锯材和铁矿砂等工业原材料。[①] 根据与中东欧国家的贸易特点，宁波自 2014 年开始承办中东欧国家特色商品展，2015 年开始连续四年举办中国—中东欧国家投资贸易博览会，力促中东欧特色商品以宁波为中心，逐渐进入中国消费品市场。在宁波的多年努力下，2017 年，"中国—中东欧经贸合作示范区"在宁波成立。2019 年 3 月，在宁波市举办的中国—中东欧国家博览会暨国际消费品博览会升格为国家级博览会。2020 年，宁波与中东欧国家贸易总额近 300 亿元人民币，双向投资项目 160 个，投资额 5.6 亿美元，中东欧特色商品常年展举办地已成为目前国内规模最大、商品最全的中东欧消费品集散地。[②]

最后，尽管宁波最初并不具有第三类城市的显著特征，但其积极借助政策支持和政、商、学联动的模式，不断优化针对中东欧的营商环境，丰富合作经验，快速弥补了这一方面的相对弱势，取得了显而易见的

---

① 《宁波：为中东欧国家奉上贸易大餐》，《国际商报》2015 年 5 月 22 日第 3 版。
② 《开启"17 + 1"发展新征程　中国—中东欧国家海关信息中心花落宁波》，海关总署，2021 - 04 - 29，http：//www. customs. gov. cn/customs/xwfb34/mtjj35/3648315/index. html。

成果。从历史角度来看，宁波作为一个地级市，和中东欧国家之间在政、商、学各方面都往来稀疏。但自从确立了以中东欧国家作为外事重点后，宁波建立起政府、行业协会、企业、学校共同参与的推广模式，促使中东欧文化与产品加速在宁波扩大影响力。在政府层面，当前宁波已与中东欧国家 22 座城市建立了友好关系。在商业领域，中东欧联盟之家运营中心在宁波核心城区建立，成为线下展示中东欧商品、促进人文交流和进行旅游推广的中心。中东欧青年创业中心于 2018 年建立，为入驻宁波的中东欧客商提供便利化的政府公共服务。在学界，在甬高校积极将中东欧文化和品牌引入校园。宁波海上丝绸之路研究院与中国社会科学院中国—中东欧智库网络、浙大西部院合作建立"宁波中东欧国家合作研究院"，为宁波与中东欧各国的经贸合作提供智力支持。

宁波从各个角度入手，不断为中东欧企业优化营商环境，也使得合作成果不断涌现。根据中国社会科学院中国—中东欧智库网络发布的地方政府参与中国—中东欧国家合作绩效评估指数及城市排名，宁波市在综合绩效方面排名第一，遥遥领先。[①]

---

① 《中国和中东欧国家"16 + 1"合作绩效发布，宁波排名第一》，澎湃网，2019 – 06 – 05，https：//m. thepaper. cn/newsDetail_ forward_ 3610594？isappinstalled = 0&from = singlemessage。

# 三  上海参与"中国—中东欧国家合作"的特点分析

上海是中国人口较多、经济发展水平较高、消费能力较强、对外开放度较大、对外经贸联系较紧密的城市之一。它在中国经济版图中的地位更在于它往往是中国改革开放政策先行先试的试验田和展示区。可以说，上海参与中国—中东欧国家合作的优势是明显的，发展空间也是巨大的。

首先，从上述城市分类来看，第三类城市特征在上海最为显著。上海在中国—中东欧国家合作诞生前就已经积累的同中东欧国家之间的互动资源可能仅次于作为中国首都的北京。

第一，上海拥有与中东欧国家长期友好往来的政治互动资源。当前，参与中国—中东欧国家合作的欧方国家，除了立陶宛、拉脱维亚、克罗地亚、阿尔巴尼亚、黑山和波黑外，其余11个都在上海设有总领事馆。在中国—中东欧国家合作的带动下，中东欧各国总领馆在上海规模扩大、签证业务增加，面向上海及周边所辖省份开展的活动日趋丰富，和上海市政府及相关智库之间的互动也日益频繁。通过这些互动，中东欧国家对国际格局的认识、对华关系的看法、在华开展经贸及人文活动的诉求都能够便捷快速地向上海市政府，以及更高的相关决策部门传递，为进一步发展中国与中东欧国家之间的双边关系，继续完善和激活中国—中东欧国家合作发挥了积极作用。

第二，长期以来，上海积累了与中东欧国家之间丰富的民间往来资源。中东欧同上海的民间往来可以追溯到不同的历史阶段。在 20 世纪初，不少中东欧人士辗转来到上海生活、工作。其中，来自奥匈帝国的邬达克在上海工作 30 余年，留下了百余座欧风建筑，如今不仅成为上海特色历史建筑的代表，更成为中东欧与中国文化交融合璧的见证。改革开放后，上海于 1983 年率先派出艺术团赴波兰和斯洛伐克访问，开启了中国与东欧国家改善关系后的首次文化之旅。此后，许多中东欧国家城市同上海建立起友好关系，包括斯洛伐克的布拉迪斯拉发州、克罗地亚的萨格勒布市、波兰的滨海省、罗马尼亚的康斯坦察县、保加利亚的索非亚市、匈牙利的布达佩斯市等。近年来，在中国—中东欧国家合作的带动下，上海与中东欧双方都积极利用既有人文资源，探索新的民间互动模式。例如，斯洛伐克、匈牙利等国驻沪总领事馆纷纷围绕建筑师邬达克开展了多场文化活动，借助这位"上海建筑师"在上海留下的建筑印记增进上海民众对中东欧风土人情的了解。上海则依托友城关系，将中国文化、海派文化通过"上海之帆"经贸人文巡展等方式主动带到中东欧国家民众中。2016—2019 年，由上海市人民对外友好协会主办的"上海之帆"经贸人文交流巡展先后访问了塞尔维亚、阿尔巴尼亚、斯洛文尼亚、波罗的海三国以及匈牙利。这些巡展在各国分别举办了开幕式、官方拜会、参观座谈、图片展览、"非遗"演示、专家讲座、校际合作、民乐演出、篮球比赛、专场演出等各项内容丰富、项目多彩、形式多样的几十场社会人文交流活动。① 上海在科教与研究领域的丰厚资源也在中国—中东欧国家合作的激励下，发展成为上海与中东欧国家人文交流中的重要支柱。上海拥有中国一流的高校及科研院所，其中多家在中国—中东欧国家合作机制诞生后新增了中东欧国家的语言文化、国别和地区研究专业或机构。这些专业和研究机构的涌现，为中国—中东欧国家合作的后续发展提供了源源不断的人才储备，也进一步带动了中东欧国家和中国之间更加深入的相互交流。

第三，上海拥有独一无二的政策优势。上海作为中国改革开放的排头兵、"一带一路"的桥头堡，是许多经济与社会政策在同外部接轨的过程中先行先试的示范区。例如，2013 年，上海自贸区作为中国首个

---

① 上海市友协欧美处：《"扬帆远航　合作共赢——2017 上海之帆'一带一路'波罗的海经贸人文巡展"纪事》，《上海外事》2017 年第 10 期。

自贸区成立。自 2018 年开始，每年在上海召开中国国际进口博览会，成为中国兑现深化改革开放承诺、与世界共享中国巨大市场的有力证明。当前，"长三角区域一体化发展"已上升为国家级战略。这些以上海为核心的发展规划或立足上海的国家级经济活动吸引了包括中东欧国家在内的境外企业在考虑对华投资时首先想到从上海进入中国市场，充分利用好这些新政带来的便利和优惠，以便更早更快地享受到中国新一轮改革开放释放出的巨大红利。

其次，作为中国的国际航运中心和经济中心，上海同样拥有第一类城市的物流资源和足以吸引中东欧企业的第二类城市产业特征。地处长江东西运输通道与海上南北运输通道的交汇点，上海港同时承担着内贸与外贸运输的双重责任。2020 年，上海港集装箱吞吐量在疫情影响下呈现出前低后高、逆势发展的态势，连续 11 年蝉联集装箱吞吐量全球排名第 1。其中，内贸吞吐量大幅上升，同比增长 15%，充分说明上海港受益于以内循环为主的双循环新发展格局，在联通内陆市场、深挖内贸潜力方面具有巨大优势。在产业领域，上海在整车及零部件生产、生物医药、集成电路等产业领域具有全国领先的研发和制造能力，拥有相当规模的专业劳动力资源。扩大科技含量较高产品的海外市场份额，吸引更多境外高科技企业以上海为起点进入和拓展更广阔的中国市场，是上海在新发展格局中设立的目标，也是实现国内国际要素链接、产能链接、市场链接、规则链接的重要路径。

客观而言，上述两大优势并未充分转化为推动上海同中东欧国家加强合作的动力。主要原因在于：首先，上海作为中国面向全球的贸易中心和航运中心，主要的外贸对象和航运目的地是美欧等发达地区。中东欧虽然是欧洲内部的新兴市场，但对外贸易主要面向欧盟内部的其他成员国，对华贸易总量相对较小，并不是上海眼中能够大幅增加进出口总额的增长点。其次，上海高度重视吸引在现代服务业、先进制造业和战略性新兴产业等领域的大型跨国企业在沪落地或追加投资。而这类企业主要集中在欧美发达国家。例如，2020 年，上海全年吸引外资突破 200 亿美元，累计使用外资金额超过 2700 亿美元，累计跨国公司地区总部 767 家，其中财富 500 强企业落户地区总部 112 家，是中国内地跨国公司地区总部机构最集中的城市。相比之下，中小型企业是中东欧国家内占绝大多数的市场主体。这些企业投资海外或拓展欧盟外市场的能力和实力都不强，更难以承受落户上海带来的相对较高的商业成本。从过去三届进口博览会上中东欧企业的参展情况来看，尽管也有一些高科技创新企业参展，如捷克的汽车、航空、生物以及激光产品，匈牙利的医药，但总体而言还是比较集中在农产品等附加值较低的产品上。最后，作为消费水平较高的中国城市，上海民众对境外高质量商品的需求量处于不断上升期。但由于推广力度不够，以及其他知名产品的品牌效应，都限制了中东欧产品在上海消费者中的知晓度和认可度。

因此，尽管上海近年来不断革新外资管理理念，对接国际标准，发布和落实负面清单，提升外资投入的透明度和可预期性，简化通关流程，提供便捷的通关举措，但是由于没有推出特别针对中东欧国家贸易与投资合作的相关举措，如设立针对中东欧产品的海关绿色通道或设置专门推介中东欧产品的定期或常设平台，中东欧国家以上海为据点开展经济活动的规模依然较小。无论是贸易还是投资，它都湮没在了上海庞大的经济总量中。

## 四　长三角一体化发展下沪甬对中东欧地区合作的新机遇

进行上述比较和分析，目的是能厘清促成地方城市积极参与到国家外交规划与布局中的动力和资源，以及如何充分发挥这些既有优势资源的溢出效应，实现合作的全方位和可持续，并非要让沪甬两地形成面向中东欧国家的竞争关系。事实上，经济体量、产业特征等方面的差异，以及各自在国家经济结构中的不同定位，使得两个城市在发展对外经贸和投资关系时必然会有侧重，对中东欧地区也会形成不同的重视程度和发展模式。当前，在双循环新格局和长三角区域一体化的建设进程中，拥有共同及独有的资源优势的上海和宁波更可以在面向中东欧地区的合作中实现互补发展、错位发展和合作发展。

首先，充分利用"国内大循环为主体、国内国际双循环相互促进的新发展格局"建设契机，大力推动长三角地区与中东欧之间的双向经贸联系，尤其是加大对高品质的中东欧产品的进口。为了促使中东欧商品更便捷地进入长三角地区，上海和宁波两大港口应该加强通关便利举措的互学互鉴，并且充分利用长三角地区交通基础设施一体化的现有成果，确保货物的自由流转和及时供应。同时，实现跨境电商平台与境内电商平台无缝对接，借助"55 购物节"等销售模式，为中东欧产品铺设一个类似宁波中东欧博览会和常设展这样的专门线下或线上平台，加大上海这座拥有 2500 万人口的城市对中东欧产品的了解和认同。

其次，充分利用长三角区域一体化发展，在吸引投资、人才落地、资源配置等方面实现沪甬两地政策上的互联互通。利用多中心城市群发展规划，提升外贸发展质量的关键在于不同城市之间形成明显的空间功能分工。上海和宁波在吸引中东欧国家投资时可以考虑错位发展和互补发展。例如，吸引高科技含量的企业投资长三角地区，企业本身可能落户在运营成本相对更低的宁波，但外籍人士可以落户在更加国际化的上海，或将企业的研发部门落户在上海，更靠近汇聚研发人才的高校或研究机构，而将生产部门落户在宁波。这样的分工布局自然需要社保、企业注册等领域相关政策的跨省协调，相互支持。

最后，充分利用好长三角道路交通互联互通的成果，共享人文资源。推动长三角地区与中东欧国家之间人文交流提质增量，成为改善中国在欧舆情的重要平台。当前，中欧关系出现起伏变化，但从经贸角度来看，双方都有通过合作加快经济复苏的强烈意愿和需求。疫情阻隔了线下的人文交流，也导致欧洲社会对中国诸多不客观公正和不理性的认知与情绪。长三角地区应该充分利用民间经贸往来、学术交流、人文互动等既有联系弥补疫情导致的上述隔膜和误解，用来自民间的切身感受扭转不利影响。

# 河北省与中东欧国家合作的
# 现状及对策研究<sup>*</sup>

在中国—中东欧国家合作的大背景下，河北省自
2012 年以来，积极推进与中东欧国家的务实合作，合
作领域包括优势国际产能合作、利用工业园区开展招
商引资合作、顺利开通河北省与中欧班列、积极开展
文化交流合作等。现将河北省与中东欧国家合作情况
分述如下。

## 一 中国—中东欧国家合作下河北省与
## 中东欧国家务实合作现状

**（一）通过境外并购，积极开展优势国际产能合作**

2016 年 4 月，河钢集团在塞尔维亚正式签署文件，
收购斯梅代雷沃钢厂。2016 年年底，斯梅代雷沃钢厂

---

\* 刘海云，河北经贸大学中东欧国际商务研修学院。

（河钢塞尔维亚公司）这个曾经连续亏损长达七年的公司，基本实现盈利，并购当年产值达到 8 亿美元，利润达到 2000 万美元。通过此次成功并购，塞尔维亚国家的 GDP 整体提升超过 1%。2017 年，河钢集团塞尔维亚公司全年经营情况创历史以来的最好水平。河钢集团收购塞尔维亚斯梅代雷沃钢厂的实践，成功创造了中国与中东欧合作中收购后最短时间获利，且经济效果最好的案例。河钢并购斯梅代雷沃钢厂案例已经成为中国与中东欧国家优势国际产能合作的典范，也成为中国与"一带一路"国家产能合作的样板工程。

### （二）通过设立产业园区，积极开展招商引资合作

河北省主要通过提升中捷产业园区在中东欧的影响力和开展中国—中东欧（沧州）中小企业合作区的建设，积极开展与中东欧地区的招商引资合作。

中捷产业园区最早成立于 1956 年，其前身是中捷友谊农场。中捷农场在 2003 年，成功改制为经济技术开发区即中捷产业园区。中捷产业园区共分为五个板块，分别是高新产业区、城市建设区、滨海经济区、石化工业区和现代农业区，各个板块侧重点各有不同。由于中捷产业园通过持续举办对外合作推介会和驻华大使交往年会方式进行招商引资，自 2013 年至 2018 年，它已连续成功举办了五届推介会和大使年会，成

功引入一大批涉外项目落地。目前，中捷产业园区落地的项目有 57 个中东欧涉外项目，总投资额超过 580 亿元。比较有名的项目有斯洛伐克商务中心、尼特拉葡萄酒庄和捷克 fair 航校等。

2018 年 2 月，经过工信部批准，中捷农场又设立了中国—中东欧（沧州）中小企业合作区。该合作区是目前全国唯一一家面向中东欧国家和地区的中小企业合作园区。截至目前，合作区已经连续召开两届中国—中东欧（沧州）中小企业论坛，并成功召开了四次中国—中东欧中小企业线上信息交流会。通过积极开展招商引资合作，河北省促进了与中东欧地区在文化、贸易、教育等多领域的务实合作。通过不断发展，中国—中东欧（沧州）中小企业论坛已经成为中国—中东欧国家合作框架下促进中国与中东欧国家合作的重要外事活动。

### （三）积极开通中东欧专列，实现互联互通

截至目前，河北省已经开通多条到中东欧或者欧洲的线路，对促进河北省与中东欧互联互通发挥了重要作用。比较成熟的线路有：从石家庄出发，终点到明斯克的货运专列；从保定开往明斯克以及中亚和南亚各国的货运专列；从邢台到塔什干的货运专列；从黄骅到杜伊斯堡的货运专列；从唐山到比利时和到乌兰巴托的货运专列等。河北省与中东欧班列的持续常

态化运行，对促进河北省与中东欧国家互联互通发挥了重要作用。

## （四）采用多种形式，积极促进文化交流合作

与中东欧开展合作以来，河北省有多所高校设立中东欧研究中心，促进与中东欧文化的交流。这些院校分别有河北外语学院、河北经贸大学、河北农业大学、河北地质大学和华北理工大学等。

1. 河北经贸大学成立中东欧国际商务研修学院

2016 年 6 月，河北经贸大学中东欧国际商务研修学院在第三次中国—中东欧国家地方领导人唐山会议上正式揭牌成立。学院以培训和科研相结合，促进河北省与塞尔维亚交流与合作。截至目前，学院共承办 11 期商务部塞尔维亚国际产能合作项目，累计培训河钢塞方员工、大学教授等 400 多人，有力地促进了河北省与塞尔维亚的人文交流。2018 年 6 月，学校又成立了塞尔维亚研究中心；2020 年，与诺维萨德大学签署了共建中塞研究所的协议。

2. 河北地质大学成立捷克研究中心

2015 年 11 月，依托捷克奥斯特拉发技术大学，河北地质大学成立了捷克研究中心，积极开展与捷克的校际交流与合作。该中心研究内容包括中捷建交以来的双边关系研究、"一带一路"背景下捷克投资环境

研究以及农场口述史研究等相关内容。该中心自成立以来，成功举办四届中捷论坛，先后围绕"一带一路"与国家发展和"一带一路"与捷克投资环境等主题进行研讨和交流。

3. 华北理工大学成立匈牙利研究中心

自 2004 年以来，华北理工大学在人文交流和中医药文化培训方面取得了一系列成果。学校先后举办了八届"中匈医学论坛"。2014 年 9 月，华北理工大学经国家汉办批准，与匈牙利佩奇大学合作建立中医孔子学院。该学院设立的目的旨在推广中国中医药文化，通过中医药学院传播中国中医文化理念，造福匈牙利乃至整个中东欧地区。

这是中国在中东欧地区设立的第一所中医特色的孔子学院，也是中国在欧洲大陆设立的第一所中医孔子学院。

4. 河北农业大学开展农业特色的中东欧合作

2015 年 6 月，罗马尼亚布加勒斯特农业与兽医药大学与河北农业大学签署合作备忘录。2016 年 6 月，河北农业大学在中国—中东欧国家地方领导人会议上与斯洛伐克尼特拉农业大学建立了院际合作关系，在食品科学与工程和食品质量两个专业开展本科阶段的短期留学项目。2016 年 10 月，双方在布加勒斯特农业与兽医药大学联合举办了"国际枣研讨会"。2017 年 2

月，两校签署建立中罗枣联合重点研究实验室的协议，进行联合培养硕士研究生、博士研究生以及博士后等项目。

5. 河北外语学院致力中东欧语言特色人才培养

河北外语学院于 2016 年 6 月开始启动了“河北省国际语言人才振兴计划”，与中东欧 14 个国家中的 17 所大学先后签订了合作协议，先后开设了 13 个中东欧小语种专业，基本涵盖中东欧 16 国的所有官方语言。据统计，自 2015 年以来，河北外语学院先后与罗马尼亚巴比什·波雅依大学、北马其顿戈瑟德尔瑟夫大学等 12 个中东欧国家的 14 所大学签署合作协议，通过协议为进一步的校际交流与合作奠定了良好基础。

## 二 河北省与中东欧国家合作取得的成绩

### （一）与中东欧产能合作亮点纷呈，效果显著

河钢集团通过收购塞尔维亚斯梅代雷沃钢厂，成功创造了历史上收购时间最短、经济效益显著提升的合作典范。河钢集团通过成功收购斯梅代雷沃钢厂，成为中国与中东欧国家产能合作以及“一带一路”沿线国家合作的样板工程。并购结束后，两国高层互动

频繁，对促进两国积极外交及促进两国关系良性发展发挥了重要作用。河钢集团以行践诺的具体实践，树立了中国企业务实合作的良好形象，打造了优质国际产能合作的模板，成为中国与中东欧国家务实合作和健康合作的一张"金色名片"。

### （二）以产业园区招商引资，成效明显

中捷产业园区利用与中东欧特别是多年与捷克和斯洛伐克国家的传统友谊，完成了其独特的"政治搭台，经济唱戏"的招商机制。自 2013 年以来，通过中捷友谊农场对外推介会和大使年会，五年来在现代农业、通用航空以及合作办学等领域签署多个合作项目，项目总投资超过 500 亿元。

### （三）各具特色的人文交流，精彩纷呈

自中国—中东欧国家合作以来，河北省各高校充分利用专业优势，结合学校学科建设和未来规划，形成了各具特色的人文交流方式。比较典型的有：河北经贸大学塞尔维亚特色的援外培训与智库建设并重的模式、河北地质大学与捷克精准对接的模式、华北理工大学中医药合作与匈牙利文化交流相结合模式、河北农业大学的农业合作的模式、河北外语学院的语言特色模式等。

# 三 河北省在推进与中东欧国家合作中 存在的主要问题

## （一）合作中虽然亮点明显，但缺少多点开花

虽然河北省在推进与中东欧国际产能合作中取得了显著成绩，特别是河钢集团在塞尔维亚的并购对促进中国与中东欧合作产生了非常积极的影响，但是对推动河北省内其他企业对外投资能力有限，后续对外投资乏力，对中东欧地区的投资热度和力度都需要持续增强。在产业园区合作方面，虽然中捷产业园区和中国—中东欧中小企业合作园区利用历史外事资源和区位优势积极开展招商引资，但是招商引资的速度和力度以及入驻园区的数量和影响力还需进一步推进；河北省虽然开通了多条中欧或者中东欧班列，但是专列空舱和返程较少的问题仍然明显存在。

## （二）与中东欧务实合作区域仍不平衡

河北省作为与塞尔维亚对接省份，与塞尔维亚合作具有较高热度。在河钢集团成功购买斯梅代雷沃钢厂后，又斥资拟在塞尔维亚斯梅代雷沃建立中东欧产业园区。河北经贸大学自 2017 年以来承办的塞尔维亚国际产能合作培训项目，累计为河钢塞方培训了管理

人员、一线员工 400 余名。但是河北省与中东欧的其他国家各种合作相对较少，体现出河北省与不同国家间合作的不均衡性。

### （三）招商引资力度较大，但仍存在项目落地困难

不论中捷农场还是中国—中东欧中小企业合作园区，政府推动力明显，招商引资力度较大，但是因为与中东欧国家文化理念、政策、法律法规等方面的差异，不论是在企业"走出去"，还是在资金"引进来"的过程中，均存在一定程度的阻力。企业在"走出去"的时候，因为对国外政策和法律法规了解不足，与中东欧国家的合作仅限于点对点，无法形成面对面以及大面积的合作。除此之外，目前受疫情和欧洲对外投资环境的影响，中东欧企业对外投资较为谨慎，这都在一定程度上限制了河北省招商引资的步伐。

## 四　加快推进河北省与中东欧国家合作的对策建议

### （一）增强宣传力度，营造良好的合作氛围

在河北省学界对中国—中东欧国家合作认知情况的调查中，我们发现河北省对中国与中东欧合作的认知情况较差。调查显示，约有 73% 的调查者表示没有

听说过中国—中东欧国家合作；16%的调查者表示听说过中国—中东欧国家合作，但对此并不完全了解；只有2%的调查者表示对中国—中东欧国家合作有较为深入和全面的了解；只有约1%的调查者表示非常了解。基于此，应加大对中东欧国家合作的宣传力度，积极开展与中东欧国家的人文交流活动，如通过举办常规性高层互访，或者举办文化、体育、艺术为内容的人文交流活动等促进对中东欧的了解。

**（二）对中东欧国家按照功能进行分区，推进精准合作**

按照产业结构，可以将中东欧国家划分为"以农业为主导的国家"和"以工业为主导的国家"。河北省应针对中东欧17国的条件和特点，根据不同行业特点，有针对性地选择产业契合度较高的国家进行精准合作。如应在航空、汽车、精密仪器制造等方面与工业基础雄厚的波兰、捷克等国家开展合作；应在现代农业合作领域与自然条件优越的罗马尼亚和匈牙利等国家开展合作。

**（三）提升中国—中东欧中小合作产业园区的总体水平，打造河北省与中东欧国家合作的新名片**

积极主动参与中东欧企业政策交流活动，以中东欧中小企业年会为媒介，加强产业园区对外合作推介会平台建设，打造一个面向中东欧国家为主，以对外开放、产业对接、经贸合作、文化交流、会展洽谈为主的开放合作平台，以提升产业园区的国际影响力，帮助河北企业与欧洲企业在技术、产品、资本、市场等方面进行全方位合作对接。

## （四）建构常态化河北省与中东欧人才交流机制

具体包括：支持河北省各高校利用现有与中东欧合作交流优势与中东欧高校在各自优势学科上建立学生交流机制，促进河北与中东欧国家合作发展所需的专业人才培养；通过定期举办河北省与中东欧青年研修交流营等活动，促进人文交流；鼓励河北省职业技术学校与中东欧工商会、有关职教培训机构开展联合培训，探索适合国内发展的"双元制"教育培养模式；建立河北省与中东欧国家"蓝领人才"双向交流机制，每年选送一批优秀蓝领赴中东欧培训学习；加强与中东欧企业间的交流互访，定期选派企业管理人员和技术人员出访、培训和学习，形成"培训—进修—交流—提高"的专业技术人员培养交流机制。

# 浙江省与中东欧国家合作成果、问题与潜力分析[*]

自 2012 年中国—中东欧国家合作机制确立以来，浙江省不断拓宽与中东欧国家合作领域，丰富合作形式，深化合作内容，在机制建设、经贸往来、人文交流等领域进行了积极的探索，建设了丰富的平台载体，也取了一定的成果，为推进中国与中东欧国家地方合作积累了有益的经验，同时也面临着一定的制约瓶颈。部分制约因素是各省市推进中国与中东欧国家地方合作过程面临的共性问题，值得共同关注。

## 一 浙江省与中东欧国家合作的主要成果

浙江在推进与中东欧国家合作进程中，立足经济强省特色，发挥人文联系纽带，政府、企业、社会主

---

* 张海燕，浙江金融职业学院捷克研究中心。

体多方共同努力，在经贸、投资、教育、旅游等多个领域取得了显著成果。

### （一）政府层面，植根省域特色，搭建立体化、多层次、宽领域合作平台

浙江在推进与中东欧国家合作方面谋定全局，以宁波市中国—中东欧国家经贸合作示范区为重点，搭建省、地、市多层级合作网络，采取项目、园区、场馆、中心、展会等立体丰富的合作形式，在政治、贸易、投资、人文等广泛领域内推进浙江与中东欧国家间的政策沟通、贸易畅通、资金融通、设施连通、民心相通。

2017 年 11 月，宁波中国—中东欧国家经贸合作示范区建设正式被写入《中国—中东欧国家合作布达佩斯纲要》。2018 年 4 月，宁波市政府印发《中国—中东欧国家经贸合作示范区建设实施方案》，通过重点建设中国—中东欧国家投资贸易博览会、中国—中东欧国家贸易便利化检验检疫试验区和索非亚中国文化中心三大平台，打造中东欧商品进入中国市场、中国与中东欧国家双向投资合作、中国与中东欧国家人文交流的"三个首选之地"。

2019 年 3 月，中国—中东欧国家投资贸易博览会正式升格为国家级"中国—中东欧国家博览会"，成为

目前全国唯一聚焦中国—中东欧国家合作的国家级展会。在此之前，浙江已先后举办了四届中国—中东欧投资贸易博览会、三届中国—中东欧国家经贸促进部长级会议、两届中国—中东欧国家合作发展论坛和一次中国—中东欧国家文化部长论坛、中国—中东欧国家质检合作对话会、中国—中东欧国家海关论坛、中国—中东欧国家市长论坛等系列活动。以中国—中东欧国家博览会为核心，宁波市推进建设中东欧工业园（中捷产业园）、中东欧贸易物流园、中东欧商品常年展、中东欧会务馆、中东欧青年创业创新中心和数字中国—中东欧国家经贸促进中心等配套载体，推进与中东欧各国在多个领域开展日益丰富的合作。

结好友城是浙江推动对外人文交流与合作的有效途径之一。截至 2019 年 9 月，浙江与中东欧国家共结友城 59 对（见图 1），其中，省级层面结成的友城有 7 对，宁波、杭州等地市层面的友城有 52 对，覆盖中东欧 17 个国家，中国—中东欧国家合作机制建立后建立的友城有 1 对①，占浙江与中东欧国家友城数量的比重超过 2/3。在浙江推进与中东欧国家友城合作进程中，浙江各地市广泛参与，10 个地区及宁波市均与中东欧

---

① 参见浙江省人民政府外事办公室《浙江省友好关系一览表》，2021 年 1 月 14 日，http://fad. zj. gov. cn/art/2020/6/19/art_ 1321202_ 38888096. html。

国家建立了数量不等的友好城市或友好交流城市。

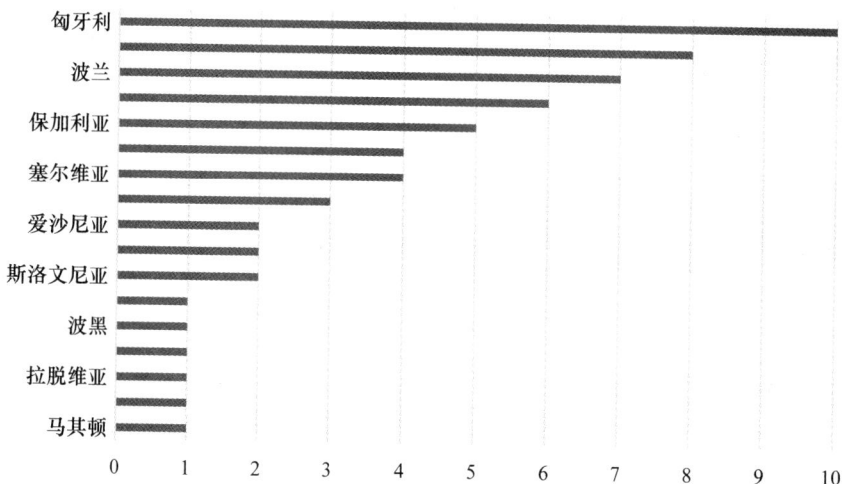

图 1 浙江与中东欧国家友城建设情况（截至 2019 年 9 月）

## （二）企业层面，挖掘市场潜力，把握发展机遇，经贸合作逐步深入

浙江与中东欧各国经贸往来日益密切。贸易方面，浙江与中东欧 17 国进出口总额自 2012 年的 81.10 亿美元增长至 2020 年的 145.80 亿美元，增长近 80%。尽管受到疫情的冲击，2020 年，浙江对中东欧 17 国的进出口额、出口额和进口额三项指标均出现逆势上扬。2020 年，浙江与中东欧国家出口贸易额达到 134.98 亿美元，同比增长 1.0%；进口实现 10.82 亿美元，同比增长 7.7%，进口增速较出口增速高 6.7 个百分点，贸易逆差有所缓解。疫情下浙江与中东欧国家的进出口规模同向增长也反映了浙江与中东欧国家贸易往来的

韧性。此外，如图 2 所示，浙江与中东欧国家的贸易额在浙江与欧洲贸易中所占的比重呈不断增长趋势，浙江与中东欧国家的贸易在浙欧贸易中的占比自 2012 年的 10.06% 上升至 2019 年的 13.90%，上涨近 4 个百分点。2020 年占比有所下降，是由于中东欧国家防疫物资的需求规模相比西欧国家较小。

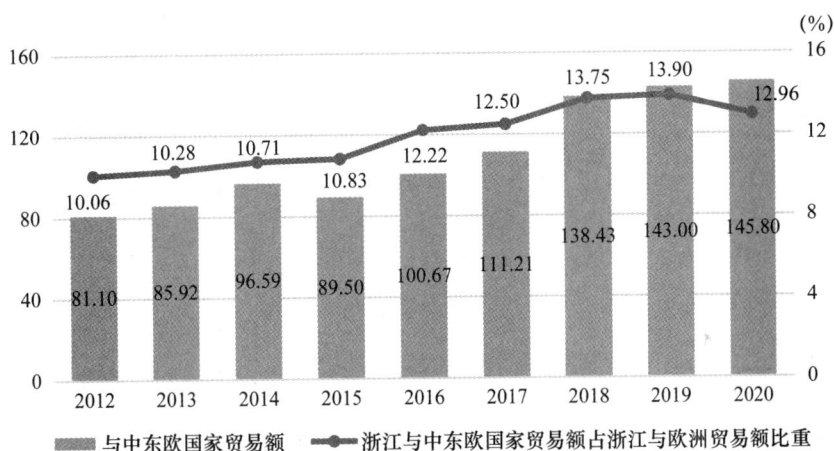

图 2　浙江与中东欧国家进出口贸易额（2012—2020 年）

资料来源：国际贸易研究及决策支持系统。

投资方面，中东欧国家在浙江的投资总体规模不大，但优质投资项目不断增加。如捷克运动服饰品牌阿尔派妮在浙江嘉兴投资设厂，开拓中国市场。斯洛文尼亚医药龙头企业克尔卡新梅斯托制药股份有限公司与宁波美诺华药业股份有限公司合资设立宁波科尔康美诺华药业有限公司，项目总投资为 1.1 亿美元。浙江对中东欧国家投资也出现明显增长，投资规模自

2012 年的 742.7 万美元增长至 2020 年的 9.57 亿美元，增长 11.9 倍。2012 年以后，浙江在捷克主要投资项目累计中方投资额超过 4 亿美元，在波兰主要投资项目累计中方投资额约 1.6 亿美元，在罗马尼亚主要投资项目累计中方投资额超过 7000 万美元，在匈牙利、斯洛文尼亚均有中方单笔投资超过 1000 万美元的项目。民营企业在其中发挥了重要作用。如浙江电力能源行业龙头企业正泰集团，从低压电器企业发展为智慧能源解决方案提供商，业务覆盖发电、储电、输电、变电、配电、售电及用电全产业链。正泰集团 2006 年涉足光伏产业，致力于绿色能源开发，目前在中东欧的捷克、罗马尼亚等国家设有分支机构。欧洲总部设在捷克布拉格，在波兰、保加利亚等中东欧国家建设光伏电站，为欧洲绿色能源供给做出了贡献。

浙江与中东欧国家经贸畅通还得益于浙江拥有全球货物吞吐量第一的宁波港，创新开展海铁联运，大力推动中欧班列发展，"义新欧"运量实现快速增长，运营线路已达 15 条，联通亚欧大陆 49 个国家和地区，到达欧洲里加、布拉格、马拉舍维奇等中东欧城市。2020 年，"义新欧"运行 1399 列，合计 11.6 万个标箱，为中欧联合抗疫及复工复产做出了积极的贡献。

### （三）民间层面，教育、旅游、文化交流丰富多元，人文交流亮点纷呈

教育领域，浙江与中东欧国家已逐步形成覆盖基础教育、职业教育、高等教育等不同教育类型，短期交流、项目合作与学历教育相结合的多元教育合作格局。同时，发挥高校的智力要素，浙江与中东欧国家的科研合作与智库合作也日渐活跃。

浙江大学、中国计量大学、浙江中医药大学等高校及浙江文澜教育集团等先后与中东欧国家开展教育合作①，浙江外国语学院、浙江越秀外国语学院等先后设立了波兰语、捷克语等专业。浙江已连续举办7届中国—中东欧国家教育合作交流会，启动了中国（宁波）—中东欧企业家教授联盟和丝路联盟国际商务MOOC开发中心等一批合作项目和平台、中国（宁波）—中东欧城市基建教育与投资合作研究平台等一系列项目。中国计量大学在布拉格设立了布拉格金融管理大学孔子学院和浙江捷克人文交流中心。浙江金融职业学院捷克馆建成开馆。

浙江与中东欧国家智库合作、科研合作日益活跃。目前，浙江高校已建有中东欧区域及国别研究中心6

① 张海燕、郑亚莉、周俊子：《"一带一路"框架下浙江与捷克经贸合作发展报告（2019）》，浙江大学出版社2020年版。

家（见表1），浙江理工大学与捷克利贝雷茨理工大学合建联合实验室，宁波工程学院与斯洛文尼亚开展科技项目合作。根据WOS数据检索，2012—2020年，浙江高校及研究机构科研人员与中东欧国家科研人员合著论文达到990篇，其中高被引论文42篇。合著论文主要集中在数学、电子电气工程、应用物理和环境科学等学科领域。

表1　　　　　　　　　浙江中东欧地区相关区域和国别研究中心情况

| 序号 | 主办院校 | 研究机构 |
| --- | --- | --- |
| 1 | 浙江万里学院 | 中东欧经贸研究中心 |
| 2 | 浙江金融职业学院 | 捷克研究中心 |
| 3 | 浙大宁波理工学院 | 波兰研究中心 |
| 4 | 中国计量大学 | 中东欧研究院 |
| 5 | 宁波工程学院 | 中东欧研究所 |
| 6 | 杭州师范大学 | 环波罗的海国家研究中心 |

旅游领域，浙江与中东欧国家旅游推介如火如荼。浙江在中东欧国家先后举办了"诗画浙江""海丝古港微笑宁波"等旅游推介会，成立了浙东南中东欧双向旅游推广联盟，举办了中国（宁波）—中东欧国家旅游合作交流会，与捷克旅游业联盟签署了战略合作协议，浙江寰宇国际旅行社有限公司与塞尔维亚Volimprirdud旅行社签署了游学合作协议。系列推广活动进一步推动了浙江与中东欧国家间的旅游合作，赴中东欧旅行游客规模不断攀升。

文体艺术领域，浙江的高校、艺术团体、文体协会等也与中东欧国家伙伴开展了密切交流。浙江广播电视集团、杭州佳平影业公司等与中东欧国家传媒影业公司开展影视合作，浙江（捷克）电影周在布拉格举行；"湖山胜概——西湖主题水印版画展""百年西泠·中国印"西泠印社展、"诗画浙江"优秀纪录片展等系列展出向中东欧国家推介浙江。"中国—中东欧国家非物质文化遗产保护专家级论坛""第二届中国—中东欧国家文学论坛"先后在浙江举办，中国—中东欧国家图书馆联盟在杭州成立，中国（宁波）特色文化产业博览会在宁波召开，中国—中东欧国家音乐舞蹈季暨学术交流活动在杭州举行，浙江金融职业学院文化交流团赴捷克开展文艺演出。如浙江音乐学院承办"一带一路"艺术大师工作坊，与立陶宛、塞尔维亚、斯洛伐克及捷克等国民族舞蹈与音乐家交流学习。浙江体育职业技术学院与波兰格但斯克大学开展排球训赛合作。

## 二 浙江省深入推进与中东欧国家合作面临的主要问题与对策

### （一）多维度合作不匹配问题仍存在，动力机制与工作机制仍有待完善

在推进与中东欧国家合作进程中，浙江省、地、

市各级政府主体面临合作信息不对称、合作主体不对等、合作需求与意愿不匹配等基本问题。

合作信息方面，近年来，随着中国—中东欧博览会的连续举办，浙江越来越多的地、市、县参与其中，对中东欧各国的了解逐步加深，尤其是省级部门及杭、甬等主要城市的市级政府部门。但多数地市政府部门对中东欧国家仍缺乏深入的了解，对各国不同的历史文化、产业结构、经济特点无法精准地把握。反之亦然，中东欧国家对浙江省同样缺乏了解，对浙江各地市特点与优势更知之甚少。信息不对称抑制合作意愿，限制合作规模。因此，持之以恒常态化推动双向交流与宣介仍是解决信息不对称的最主要方式，在地方推进与中东欧国家合作方面，要做到有耐心、有谋划、有方法，清晰提炼省域特色，完善优化叙事方式，生动呈现浙江风采。同时，积极拓展"走出去"与"请进来"，增加双方民众的感性、立体认知，增加理解深度。

合作主体方面，地方政府在推进与中东欧国家地方合作中，合作主体常见的有两种情况：一是与中东欧各国地方省州之间推进合作。双方合作主体行政层级对等，但推进力度与发展诉求往往难以匹配。二是具体事务合作中对接中东欧各国事务主管部门，以地方政府对接一国政府事务主管部门存在行政层级不对等问题，沟通存在障碍，往往阻碍合作的深入推进。

而中东欧国家省州地方政府还会遇到因地方选举后政党轮替而引发反对、中断、停止已有合作机制和项目的可能性。因此，建立稳定、有效的地方合作工作机制是进一步深化地方合作需要解决的重要问题。应该双管齐下，一方面，积极探索重点事务领域合作机制常态化，如外事、商务、旅游、教育、国检、海关、科技等领域，通过构建稳定的官方工作沟通渠道，落实重点工作，服务企业需求；另一方面，深化友好城市、友好交流城市等建设，以经贸、人文等领域的具体合作项目为支撑，强化合作纽带，不断丰富合作载体，形成政商联动、合作共赢的合作局面。

合作需求与意愿方面，合作各方存在不匹配现象。不同地方主体的发展诉求往往取决于其发展战略与产业基础，受制于各区域的基础设施状况、优势产业布局、人力资源规模等诸多因素。合作的动力来自市场的自发合作意愿更能保持合作的持续性，需要合作各方对各自区域的发展重点加深了解，需要不断积累市场合作基础，方能培育衍生出更多合作需求。因此，坚持开展各类经贸投资推介活动仍是必要之举，可在推进过程中增加专题式对接推介，加深产业链、生态圈合作主体联系，根据具体产业的全球布局特征增加三方合作的对接活动。

## （二）经贸合作水平仍有待提升，贸易逆差痛点解决需各方共同努力

推进与中东欧国家合作进程中，贸易逆差问题是中东欧各国普遍较为关切的问题。虽然近年来浙江与中东欧国家的贸易逆差有所缓解，但相比中东欧各国对这一核心诉求的心理预期还有一定的现实差距。目前，与中东欧国家贸易逆差问题的解决需破解四个难点：一是中东欧各国的消费品出口中国市场，竞争力不足，面临着来自欧美同类产品的激烈竞争，无论品质、价格均无明显优势。如波兰牛奶进入中国将面临德国、荷兰、法国等同类产品的激烈竞争。二是中东欧各国出口优势产品的同质性问题严重，其内部竞争同样激烈，如中东欧各国引以为傲的葡萄酒。三是中东欧各国对欧盟依赖严重，经济上谋求嵌入欧盟产业链，其优势产业产能以满足欧盟需求为主，使其对欧盟外成员的出口供应能力受到限制。四是以跨国公司主导的全球价值链格局，中国与中东欧国家合作的几个主要产业领域的产品流动实则由跨国公司决定，如匈牙利、斯洛伐克等国向中国出口汽车零部件更易受几大汽车整车厂家全球调配资源的影响。

真正解决与中东欧国家的贸易逆差问题，还需与中东欧各方共同努力方可实现。一是加强沟通解释，

强调以全球价值链视角科学解读贸易逆差问题。二是中国与中东欧国家共同梳理各自的优势产品，强调出口产品差异化、特色化。三是树立中国与欧盟贸易背景下的中国—中东欧国家贸易往来的观念，推动中国—中东欧—西欧三方贸易合作拓大规模。具体举措上，可从消费品和工业品两种类型突破瓶颈，增加中东欧优质产品进口。消费品方面，重点突破从市场到消费者的"最后一公里"渠道建设。充分利用中国国内大循环的市场吸引力，推出中东欧消费品品牌推广活动，汇聚国内销售渠道商，与中东欧生产商共同促进中东欧优质消费品的品牌培育。工业品方面，重点突破产业链合作机制建设，增加双方产业链合作深度，扩大中间品进口规模，加强三方合作，在重点产业领域拓展合作空间，探索利益共生机制，加强科技、资本等多要素合作。

## （三）双向投资规模偏小，产业链游离现象十分明显

浙江在全球化进程中深度融入全球产业链，尤其在欧美、东南亚等市场的产业合作尤为主要。中东欧各国则以融入欧洲产业链为主，产业合作网络更多聚集欧洲市场，对中国市场缺乏有针对性的开发。加之中东欧国家中小企业居多，他们在面对中国市场时既

缺乏独立开拓的实力，也缺乏足够的开拓意愿。而浙江企业在开拓中东欧市场时，也需正视两点现状：一是中东欧国家国情各异，各国营商环境与投资优势各不相同，部分国家的营商环境有待提高。企业出于规避投资风险的考虑，投资谨慎。二是企业是境外投资的主体，投资决策由企业国际化发展战略决定。现阶段，全球贸易保护主义抬头，投资审查机制频出，外部发展环境的恶化阻碍了部分企业"走出去"的步伐。

扩大投资规模，应以产业为着力点，缓解"产业链游离"现象，加强优势产业内的企业对接，匹配双方需求，寻求利益共生的合作空间，解决的突破口可优先选择汽车及零部件、清洁能源、智能计量设备等产业。汽车及零部件产业对浙江及多个中东欧国家都是重点产业，已有一定的合作基础，如浙江已有万向、新坐标、敏实在捷克、塞尔维亚设立生产基地，继峰在捷克、保加利亚、波兰设厂，均胜在波兰、匈牙利、罗马尼亚、捷克、北马其顿生产制造，拓普在波兰新增投资。清洁能源产业方面，波兰、匈牙利、罗马尼亚等国需求旺盛，浙江的正泰、东方日升等企业在中东欧市场均有良好表现。智能计量是数字经济、智慧城市、清洁能源与高端制造等产业叠加领域，可作为浙江推动与中东欧国家数字经济领域合作的突破口。

## （四）人文交流品牌效应彰显尚待时日，增进互信仍需长效合作

在推进与中东欧国家合作中，浙江已逐步呈现出政府引导、企业为主、多方联动的局面，高校及科研机构、文体艺术团体等日益活跃，民间交流形式不断丰富，领域不断拓宽，增强个体认知的载体日益增加，民间人文交流呈现出多点开花、亮点纷呈的态势。但民相知需假以时日，民相亲更需时间积淀，在国家、省市积极引导合作的氛围下，更需警惕人文交流领域的三种现象：一是目前人文交流仍处于起步阶段，地方层面的人文交流活动传播力仍有待提高，品牌效应尚未形成；二是存在部分人文交流活动重形式、轻内容的现象，文化、艺术展现内容质量不高，甚至有失客观；三是部分交流主体存在投机心理，关注政策红利，对交流活动无意慎终如始，一时兴起的短视行为将造成人文交流领域的冷暖起伏，于长效推动与中东欧国家之民相亲不利。人文交流领域是深化与中东欧国家合作的重点领域，交流主体因专业领域匹配，合作主题清晰，更易产生深入的交流，且建筑、绘画、音乐、舞蹈、体育等领域的合作可以在一定程度上免受国际政治形势及双边关系影响，更具有长久的生命力与合作空间，所以更需要推进务实、专业的高质量

合作，各方可互学互鉴、取长补短，推动交流融合。

# 三　浙江省与中东欧国家合作
# 潜力与趋势分析

## （一）市场基础是决定经贸合作的根本，挖掘市场合作空间成效可期

浙江是中国国际合作过程中不断成长的对外开放先行省，在 GDP、进出口贸易、吸引外资与对外投资等方面均位居全国前五。2020 年，浙江省 GDP 总额超过 6 万亿元人民币，人均 GDP 超过 1.6 万美元。[①] 尽管受到疫情的冲击，浙江省 2020 年对外贸易仍实现 9.6% 增长，进出口总额达到 3.38 万亿元[②]，增速列全国首位。同期，浙江省实际利用外资创历史新高，突破 150 亿美元。[③] 浙江民营经济发达，"浙商"文化强调义利并举，浙江超九成的市场主体为民营企业，他们为浙江经济贡献了 65% 的 GDP、78% 的出口和 87% 的就业。[④] 浙江产业基础雄厚，产业集群上下游配套齐

---

[①]　2020 年人民币兑美元汇率以 USD 1 = CNY 6.8996 计算。

[②]　https：//www.ndrc.gov.cn/fggz/jjyxtj/dfjjyx/202101/t20210129_1266169.html.

[③]　http：//www.comnews.cn/article/yshj/202101/20210100069073.shtml.

[④]　参见浙江省经信厅《浙江发力先进制造　到 2025 年十大标志性产业链年总产值要突破 6 万亿元》，2020 年 12 月 28 日，http：//jxt.zj.gov.cn/art/2020/8/27/art_ 1229246513_ 55616277.html。

备，目前已形成年产值超 100 亿元的产业集群 80 多个，超 1000 亿元的产业集群 12 个①，正致力将绿色石化、节能与新能源汽车、数字安防、现代纺织打造为世界级产业集群。浙江商贸服务业发达，拥有全球最大的小商品市场，2019 年全年交易额超过 4500 亿元，是中国电子商务之都。中国首个跨境电商综试区落户杭州。浙江拥有全球货物吞吐量最大的宁波港，拥有中欧班列（义乌）国际铁路运输通道，搭建了海运、铁路干线运输通道和网上贸易平台，已逐渐发展成为中国重要的贸易枢纽之一、贸易新业态中心。

中东欧国家拥有特色鲜明的优质产品，但中小企业独立开发中国市场的抗风险能力不强，借助浙江发达的商贸流通体系、活跃的市场主体和日益完善成熟的数字贸易生态，将推动中东欧优品事半功倍地进入中国市场。当然，要实现这一效果需要各方共同努力，把握几点注意事项：一是中东欧各国优势产品的差异化战略将避免竞争激烈化；二是中东欧国家企业强化开拓中国市场的决心是首要条件；三是中东欧国家的行业协会或龙头企业发挥积极的推动作用是关键；四是浙江市场的专业服务机构积极参与将起到重要的推

① 参见浙江省人民政府《浙江民营经济综合实力显著增强》，2021 年 2 月 28 日，http：//www.zj.gov.cn/art/2019/6/2/art_1554030_34431366.html。

动作用；五是积极发挥浙江作为中国数字经济之都的优势，充分发挥数字贸易的作用。

## （二）以中欧合作为背景，推进与中东欧国家产业深度合作成果可期

将浙江与中东欧国家的产业合作置于中欧产业合作的背景下，有助于扩大利益共同点，开拓三方合作空间。中东欧国家以嵌入欧洲产业链为主要发展战略，基于优先融入欧洲产业链的发展战略拓展其他目标市场。因此，将与中东欧国家产业合作置于中欧合作背景下推进，一方面，更符合产业链合作的客观现实，可以更准确把握合作机遇；另一方面，更能准确把握欧盟产业政策导向，降低产业合作风险及不确定因素的影响。

目前，基于浙江与中东欧国家产业优势及发展需求，可将汽车零部件、绿色能源等产业领域作为重点潜力领域加强合作。汽车行业是典型的全球性行业，全球产业布局由欧、美、日、韩主要汽车整车厂商的全球供应链网络发挥决定性作用。中国及捷克、斯洛伐克、匈牙利、波兰等中东欧国家都是全球汽车产业链的重要参与者。浙江众多汽车零部件企业深度融入以德、法、意等西欧整车企业为龙头的欧洲汽车产业链，与中东欧国家的汽车零部件企业都有广泛合作的

空间，尤其在新冠肺炎疫情对全球供应链形成巨大冲击的背景下，区域供应链的兴起会为浙江与中东欧汽车零部件企业的合作创造新的空间。绿色能源领域是浙江与中东欧国家拓展合作的重要方向。2019 年新一届欧委会将在欧洲开展绿色新政作为核心工作和管理内容中的最高优先事项。欧洲各国对可再生能源的需求迅速增加，尤其是光伏太阳能需求增长最迅速。目前，全球 2/3 的太阳能电池板由中国提供，中国光伏产业具有成本、产能和技术优势。浙江拥有太阳能电池的龙头企业如东方日升新能源股份有限公司、正泰集团等。2019 年，浙江向欧洲出口太阳能电池达到 12.94 亿美元，占浙江太阳能电池出口总额的 30% 以上，出口目标国覆盖欧洲 40 个国家。近年来，亚、欧、美光伏新增装机容量迅速扩充。2019 年，全球新增光伏装机容量达到 114.9 GW，累计装机量高达 629 GW①，同比增速为 22.44%。可以预见，未来几年，浙欧在光伏产业的合作规模仍将保持快速增长态势，贸易规模仍将继续扩大。在此基础上，欧洲的电力公司、能源企业及产业链上下游企业将加强与中国光伏企业在智慧能源、智能电气等领域探索合作路径，扩宽合作领域。

---

① TWh，即 Terawatt-hours，发电量单位，表示 $10^{12}$ 瓦时；GW，即 Gigawatt，表示 $10^{9}$ 瓦。

### （三）培育人文交流"浙"品牌，文体艺术宽领域合作可期

浙江在推动与中东欧国家人文交流领域合作方面应加强多领域资源统筹，保持活动延续性，培育形成品牌活动。如文化、艺术、旅游领域建议培育"诗画浙江"人文交流品牌。在旅游领域，旅游市场合作是第一层次，浙江与中东欧各国均旅游资源丰富，"诗画浙江"与"魅力中东欧"对各自民众形成吸引力，双向旅游规模不断扩大。目前，境外游受到疫情严重冲击，但在疫情得到有效控制后，双向旅游自然逐渐回温。在此基础上，围绕旅游资源的合作还可扩展至专业层面，中东欧国家拥有众多世界遗产，17 个中东欧国无一例外，均有入选联合国教科文组织的世界遗产项目。17 个中东欧国家共有世界文化遗产 107 项，世界自然遗产 20 项，其中世界自然与文化遗产 5 项，被载入世界遗产濒危名录的遗产地 1 处。中国同样是世界遗产大国，共入选世界遗产 55 项，其中文化遗产 37 项，自然遗产 14 项，自然与文化遗产 4 项。2018 年第二届"中国—中东欧国家非物质文化遗产保护专家级论坛"在杭州举行，以此为基础，浙江应继续推进与中东欧国家在世界遗产保护领域的合作。文化艺术领域，浙江与中东欧国家在建筑、绘画、音乐、戏剧、

舞蹈等方面同样存在深入合作的空间。通过多领域的合作，逐渐形成"诗画浙江"的品牌，增强中东欧民众与相关领域专业人士对浙江的认知与了解。

## 四　结语

在中国—中东欧国家合作机制建立和"一带一路"建设启动后，浙江与中东欧国家的合作逐步活跃，表现在市场层面是全球化进程中，中东欧各国与中国发挥各自的区位、市场、技术、品牌、人才及生产等优势的多维度结合，从而实现优势互补、合作共赢。市场规律发挥基础作用，企业是主体，政府发挥推动与引导作用，其他主体积极参与，从而形成了立体化、多层次、宽领域的合作体系。但浙江与中东欧国家合作在推进过程中也面临着一定的挑战。贸易与投资保护主义抬头，外国直接投资审查制度增加了投资的不确定性；产业合作的敏感领域增多，国际关系在经贸合作中的影响逐步增强，机器人、数字安防等领域的合作阻力加大；新冠肺炎疫情引发全球供应链振荡，重塑区域供应链对全球生产体系产生影响；地区形势、部分国家国内政局的稳定性及政策的延续性等都对浙江与中东欧国家的合作产生影响。尽管存在一定的挑战，但浙江与中东欧国家仍有明确的合作空间可待挖掘。市场合作空间的客观存在是推动双方合作的基础，人文领域的持续深入交流将推进各方增进认同。"十四五"时期，浙江致力打造数字经济一号工程，践行"绿水青山就是金山银山"理念推动绿色经济发展，着力推进中国—中东欧国家经贸合作示范区建设，举办中国—中东欧国家博览会，也将为推进与中东欧国家合作创造有利的政策环境。

# 山东省与中东欧
# 国家的合作共赢[*]


## 一 山东省与中东欧国家合作
## 共赢的基础与进展

### （一）深化与中东欧国家合作的重要意义

自 2013 年习近平总书记正式提出"一带一路"倡议，中国与"一带一路"沿线国家合作不断深化，至今已取得长足发展。2021 年，适逢"十四五"的开局之年，"十四五"规划中提出，中国将加快构建"以国内大循环为主体，国内国际双循环相互促进"的新发展格局，为高质量共建"一带一路"提供新动力。

中国—中东欧国家合作机制始于 2012 年中国与中东欧国家领导人在华沙的峰会。随着 2013 年"一带一

---

* 李远，山东大学；胡心，中共山东省委外事工作委员会办公室。

路"倡议的提出和推进，中国与中东欧国家合作逐渐被纳入"一带一路"建设框架下。8 年以来，中国与中东欧国家在政治经济文化各领域的交流不断深入，相互关系日益密切，参与国的扩大更凸显中国—中东欧国家合作的强大生命力和吸引力。2021 年，中国首场主场峰会——中国—中东欧国家领导人会晤于 2 月 9 日以视频形式召开。习近平主席在会上指出：中国—中东欧国家合作是具有重要影响力的跨区域合作平台。新形势下，中国与中东欧国家应聚焦互联互通，畅通联动发展的合作动脉。要不断完善融通格局，为未来更高水平的联动发展打好基础。要携手高质量共建"一带一路"。中国与中东欧国家合作促进了中国和地区国家之间的经贸往来与人文交流，双方的合作取得了积极成果，已成为开放包容、互利共赢的跨区域合作平台。巩固与发展同中东欧国家的合作，不仅有利于中东欧地区的和平与稳定，更有利于欧洲整体的协调发展，是维护中欧关系的有益补充。

## （二）服务国家发展，打造对外开放新高地

　　山东省是一个人口大省、资源大省、经济大省。为了服务好国家开放发展战略，山东省提出了"打造对外开放新高地，全面开创新时代现代化强省建设新局面"的战略。"一带一路"倡议以来，山东省积极

响应并深度融入"一带一路"建设，充分发挥省内沿海城市海上战略支点的作用，支持沿海城市港口打造内陆周边国家的对外出海口，打造海外投资和专业服务平台，深化与沿线国家经贸合作，推动构建"一带一路"合作伙伴网络，塑造对外开放新优势。

第一，推动与"一带一路"沿线国家双向投资。一方面，省政府制定了重大外资项目奖励政策，开展线上招商会，提出进一步做好利用外资工作的相关措施；另一方面，积极推动企业"走出去"，加大对海外企业的政策扶持力度，鼓励企业与投资所在国建立和加强各层次关系与友谊，鼓励企业组建"走出去"产业联盟。

第二，深化与"一带一路"沿线国家经贸往来。2018年，在中央政府和省政府的大力支持下，青岛市加快建设中国—上海合作组织地方经贸合作示范区的步伐，探索形成了"一带一路"地方经贸合作贸易畅通新模式。2019年，为响应国家"扩大进口规模、优化进口结构、促进贸易平衡"的号召，山东省将"一带一路"沿线国家作为重点进口来源地，同时发挥中欧商贸物流园区和中东欧品牌产品展等优势，在进出口相结合的基础上带动扩大进口，整合欧亚班列资源，推进欧亚班列的高效运营，并且加强与日韩、中亚、欧洲等物流和港口合作，开展转口贸易、过境贸易和多式联运，提高班列的回程装载量。

第三，促进与"一带一路"沿线国家人文交流。2020年，省政府印发《山东省人民政府关于加快省会经济圈一体化发展的指导意见》，指出支持济南市成立国际丝绸展示交易中心、丝绸文化创意中心，并举办"一带一路"国际丝绸论坛。截至2020年，山东省与中东欧17国建立了4对省级友城或友好合作关系：罗马尼亚克卢日省、波兰马佐夫舍省和捷克兹林州、匈牙利包尔绍德州；与中东欧17国建立市级友好城市10个，双方政府间交流密切，民间交流也日益深入（见表1）。

表1　　　山东省与中东欧国家友好省州与友城关系一览

| A. 山东省与中东欧国家友城关系 | | | | |
|---|---|---|---|---|
| 省 | 国家 | 省/州 | 签字日期 | 关系 |
| 山东 | 罗马尼亚 | 克卢日 | 1997年 | 友好关系 |
| | 波兰 | 马佐夫舍 | 2015年 | 友好关系 |
| | 捷克 | 兹林州 | 2007年 | 友好合作关系 |
| | 匈牙利 | 包尔绍德州 | 2018年 | 友好合作关系 |
| B. 山东省地级市与中东欧国家友城关系 | | | | |
| 市 | 国家 | 市/区 | 签字日期 | 关系 |
| 济南 | 保加利亚 | 卡赞勒格市 | 2013年 | 友好市级关系 |
| | 斯洛文尼亚 | 马里博尔市 | 2019年 | 友好市级关系 |
| 青岛 | 立陶宛 | 克莱佩达市 | 2004年 | 友好市级关系 |
| | 克罗地亚 | 里耶卡市 | 2011年 | 友好市级关系 |
| | 希腊 | 比雷埃夫斯市 | 2018年 | 友好市级关系 |

续表

B. 山东省地级市与中东欧国家友城关系

| 市 | 国家 | 市/区 | 签字日期 | 关系 |
|---|---|---|---|---|
| 临沂 | 匈牙利 | 布达佩斯第十五区 | 2013 年 | 友好市级关系 |
| | 罗马尼亚 | 布加勒斯特二区 | 2012 年 | 友好市级关系 |
| 烟台 | 保加利亚 | 布尔加斯市 | 2004 年 | 友好市级关系 |
| | 匈牙利 | 米什科尔茨市 | 2015 年 | 友好市级关系 |
| | 匈牙利 | 松博特海伊市 | 2007 年 | 友好市级关系 |

## （三）发挥地方优势，创新次区域合作模式

"一带一路"倡议与中国—中东欧国家合作框架之下，山东省抓住历史机遇，充分发挥比较优势，积极与中东欧国家开展务实合作。遵循"一带一路"建设的"五通"原则，山东省与中东欧国家的合作也聚焦于经贸、投资以及人文交流方面，迄今已取得丰硕成果。

第一，高层沟通稳定发展。自 2012 年山东省政府代表团访问匈牙利包尔绍德州，签署建立友好合作关系的备忘录以来，两省州保持密切高层互动。2013 年，包尔绍德州州长访问山东，与山东省多部门举行工作会谈。2014 年，夏耕副省长访问罗马尼亚、波兰，会见了两省州领导人，出席了"山东—克卢日投资贸易推介会"和"山东—波兰投资合作推介会暨企业展洽会"等大型经贸活动。2015 年，波兰马佐夫舍省省长访问山东，签署了两省州结好协议。同年，为进一步推动外事资源下沉，烟台市与米什科尔茨市建

立了友城关系。2016 年，立陶宛共和国总理阿尔吉尔达斯·布特克维丘斯一行访问山东，出席了立陶宛当代儿童书籍插画展开幕式等活动。同年 6 月，副省长赵润田率团访问立陶宛，举办"山东—立陶宛农业企业洽谈会"系列活动。2017 年 3 月，塞尔维亚总统托米斯拉夫·尼科利奇访问山东，会见了省主要领导，出席了青岛莱西市中塞文化村暨南通三建塞尔维亚足球学校项目奠基仪式。同年 6 月，副省长、省公安厅厅长孙立成率代表团访问塞尔维亚，会见了塞尔维亚副总理兼内务部长，访问了贝尔格莱德警察局，实地考察了山东高速集团承建项目，应邀出席了新任总统就职典礼。2018 年，山东省与包尔绍德州正式签署《关于建立友好合作关系的协议》，开启了两省州交往的新篇章，也为山东企业在中东欧的发展注入当地政府资源。同年 10 月，省政协副主席赵家军率团出访保加利亚、罗马尼亚，出席第四次中国—中东欧国家地方领导人会议。2019 年 6 月，副省长于杰率团访问塞尔维亚；10 月，副省长任爱荣率团出访匈牙利；11 月，省委副书记、省长龚正在济南会见了立陶宛副总理阿尔吉达斯·斯通柴蒂斯一行。同年，包尔绍德州政府换届，山东省政府派团访问包尔绍德州，成功赢得新政府继续为园区建设提供政策支持的积极承诺，给企业后续发展吃下一粒"定心丸"。2020 年，在国内疫情期间，山东省政府第一时间向包尔绍德州政府通报省内抗疫情况，消除负面言论，稳定民心。同年7月，副省长任爱荣在济南会见立陶宛驻华大使伊娜·马邱罗尼塔一行。大使还访问了省科学院激光所，推动中立激光产业园进展，并为济南立陶宛比斯托纳斯花园揭幕。

第二，基建合作方兴未艾。2020年，山东省在中东欧国家对外承包工程新签合同额多达2.4亿美元，营业总额6652.9万美元，累计对外派出各类劳务人员252人次。截至2020年年底，山东省累计对中东欧承包工程合同额13.8亿美元，完成营业额5.8亿美元，累计对外派出各类劳务人员1748人次。目前，山东省已在交通、建筑等行业领域开展了一批基础设施建设合作项目，山东高速承建的塞尔维亚E763高速公路项目是中国—中东欧国家合作框架下第一个付诸实践的基础设施合作工程，波黑塞族共和国巴尼亚卢卡—诺维格莱德—多布林—克罗地亚边境铁路现代化与重建项目是第六次中国—中东欧国家合作框架下签署的项目。2018年10月31日，由山东高速统筹运营的全国首个省级欧亚班列运营平台"齐鲁号"正式首发。截至2020年年底，"齐鲁号"欧亚班列累计开行2635列，成为助力山东与欧洲合作，提高对外开放水平的"加速器"。2021年，山东港口青岛港、日照港与连云港围绕"两港一航"、区域协同等签署深化战略合作框架协议，意味着新亚欧大陆桥"东方桥头堡"迎来变局，标志着青岛港开始深度参与新亚欧大陆桥"东方桥头堡"构建，以便于更好地发挥山东与江苏在"一带一路"新亚欧大陆桥经济走廊建设和海上合作项目中的协同作用。

第三，绿地投资促进交流。2019 年，山东玲珑轮胎股份有限公司投资 9.9 亿美元在塞尔维亚建设工厂。这是中国轮胎首个欧洲工厂，也是目前塞尔维亚最大的中资项目、迄今最大的绿地投资项目。项目位于塞尔维亚兹雷尼亚宁市自贸区，规划用地面积 130 公顷，总建筑面积 39 万平方米，建成后各类高性能子午线轮胎年产可达 1362 万条，实现年销售收入 6 亿美元。项目建设完成，将为当地增加超过 1200 个工作岗位，带动当地就业；同时，能够有效促进当地建筑业及轮胎上下游产业的发展，拉动当地经济发展。此外，项目建设以来，玲珑轮胎公司积极履行企业责任，回馈当地政府和民众——冠名赞助塞尔维亚足球超级联赛、中欧国际象棋精英赛塞尔维亚站等，更好地加强了双方的文化融合，在塞尔维亚获得了很高的知名度和美誉度，成为中国轮胎海外投资建厂的典范。疫情期间，玲珑轮胎公司通过塞尔维亚驻中国大使馆向塞尔维亚政府捐赠了防疫物资，体现了危难时刻与塞尔维亚人民携手并肩、共克时艰的责任与担当。

第四，经贸往来持续深入。2011 年，万华实业集团有限公司以 12.63 亿欧元收购了匈牙利曾经最大的化工企业——宝思德（BorsodChem）公司 96% 的股权，是迄今为止中国在中东欧地区最大的并购项目。此次并购以其交易复杂性、项目影响力及谈判满意度，当选为《国际金融评论》"2010 年度欧洲、中东、非洲地区最佳重组交易"，开创了中国企业海外并购的多项"第一"。2019 年，如表 2 所示，山东省与中东欧国家的贸易总值、出口总值与进口总值增长迅速，分别达到 20.10%、18.50% 和 27% 的增速，三项指标远高于同年山东省分别为 5.8%、5.3% 和 6.4% 的数据，说明中东欧国家在山东省对外贸易中的地位正在上升。其中，波兰、捷克、希腊、罗马尼亚、匈牙利是山东省在中东欧 17 国的主要贸易合作伙伴，贸易额分别达到 126.7 亿元、47.8 亿元、23.6 亿元、23.5 亿元、20.8 亿元。主要出口商品为新的充气橡胶轮胎、钢材、家具及其零件、机械设备、电器及电子产品等；主要进口商品为机械设备、电器及电子产品、服装及衣着附件、原木、钢材等。2020 年，新冠肺炎疫情席卷全球，世界经济遭遇重创，山东省对中东欧国家的出口增速下滑 3 个百分点，进口增速降至 -10%，直接将贸易总值增长率拉低 9.3 个百分点。为应对疫情冲击，山东省商务厅于同年 4 月举办山东出口商品

（中东欧）云展会，59 家省内企业和 30 家中东欧采购商参展。中国品牌产品（中东欧）展会是省商务厅在中东欧市场重点打造的展会平台，也是中国在中东欧地区举办的唯一国家级综合性展会，在匈牙利布达佩斯已经举办 8 届。此外，双向投资规模不断扩大。至 2019 年年底，中东欧国家在山东省现存外商投资企业 67 家，实际使用外资 6552.12 万美元。2020 年，山东省新设中东欧投资企业 11 家，实际使用外资 75 万美元，备案核准对中东欧境外投资企业（机构）9 家，备案核准中方投资 2.25 亿美元。截至 2020 年年底，累计备案核准对中东欧国家境外投资企业（机构）共 55 家，备案核准中方投资多达 26.2 亿美元。

表2                    山东—中东欧国家贸易状况

|  | 贸易总值（亿元） | 贸易总值增长率（%） | 出口总值（亿元） | 出口增长率（%） | 进口总值（亿元） | 进口增长率（%） |
|---|---|---|---|---|---|---|
| 2019 | 330.6 | 20.10 | 266.5 | 18.50 | 64 | 27 |
| 2020 | 366.2 | 10.80 | 308.6 | 15.80 | 57.6 | −10 |

第五，文化交流独具特色。2013 年，在万华集团的帮助下，匈牙利米什科尔茨大学和北京化工大学合作建立了世界第一所以化工为特色的孔子学院。孔子学院的建立在匈牙利掀起了"汉语热"，赢得匈牙利各级政府和社会各界的广泛认同。作为全球 546 所中

唯一一所在企业支持和推动下建立的孔子学院，米大孔院通过三方联合办学，共商共建共管，形成了自己独特鲜明的办学特色。2016—2019 年，应友好城市匈牙利米什科尔茨市邀请，烟台市外办连续 4 年组织烟台青少年参加该市在匈牙利巴拉顿湖畔举办的"国际友城青少年夏令营"活动。2019 年 9 月，烟台美术博物馆承办的"仙境海岸·鲜美烟台——胶东民间窗花剪纸艺术展"在米什科尔茨市赫尔曼奥托博物馆精彩启幕，包尔绍德州人民在家门口就可领略到远方友城的民间艺术。在塞尔维亚，建于中国驻南联盟被炸使馆旧址之上的贝尔格莱德中国文化中心是中国在巴尔干地区建立的首个中国文化中心，由山东高速集团投资、承建，见证了用鲜血和生命铸就的中塞友谊。目前，山东高速还计划沿着正在建设中的济青高速中线建设一处以塞尔维亚风情为代表的中东欧国家主题高速服务区，让山东人民足不出户就能感受塞尔维亚民俗风情，购买塞尔维亚特色产品、美食。

## 二 山东省与中东欧国家合作典型案例

### （一）山东高速集团以基础设施"硬联通"带动经贸合作与文化交流

山东高速集团目前注册资本 459 亿元，资产总额 1

万亿元。集团大力发展基础设施核心业务，致力于打造主业突出、核心竞争力强的基础设施投资建设运营服务商和行业龙头企业。截至目前，山东高速集团运营管理高速公路 7745 千米，其中省内 6156 千米，占全省的 83%；拥有 5 家上市公司；获评国内 AAA 级和国际 A 级信用评级，连续 14 年入选"中国企业500 强"。

山东高速集团自 2013 年进入塞尔维亚市场以来，先后完成了 E763 高速公路项目（标段 3、4、5）、贝尔格莱德中国文化中心项目，正在实施贝尔格莱德地下停车场 PPP 项目和瓦列沃快速路项目，积极推动兹雷尼亚宁公路项目前期工作。

E763 高速公路项目第 3、4、5 标段是中国—中东欧国家合作框架下首个落地的基础设施项目；山东高速集团通过施工总承包模式承建 E763 高速公路项目的 3、5 标段，全长共 50.2 千米，合同金额 3.75 亿美元，设计速度 130 千米/小时，双向 4 车道；后因项目实施出色，又承接第 4 标段修复升级工程。该项目于 2019年 8 月 18 日顺利通车，塞尔维亚总统武契奇出席隧道贯通仪式。

贝尔格莱德中国文化中心项目是山东高速集团在中国驻前南斯拉夫大使馆原址上投资建设的，项目占地约 10 亩，总投资 4500 万欧元，设计建筑面积 3.2

万平方米，分为地上 8 层、地下 2 层。该项目由国家主席习近平和塞尔维亚时任总统尼科利奇亲自奠基，项目于 2020 年 9 月 30 日完工，为巴尔干地区首个中国文化中心。

贝尔格莱德地下停车场 PPP 项目包括 4 个地下停车场的设计、融资、建设和运营，预计停车位 1837 个，总投资 5000 万欧元；已经开始 2 个停车场的施工，另外 2 个停车场正在履行塞方规划审批程序。

瓦列沃（伊维拉克）—拉伊科瓦茨快速路项目采用 EPC 工程总承包方式，全长 18.3 千米，双向 4 车道，设计时速 100 千米/小时，纳入 2021 年中国—中东欧国家领导人峰会成果清单。项目于 2020 年 10 月正式开工，截至目前，施工总进度完成 1.06%；3 月 23 日，塞尔维亚总统武契奇、交通和基础设施部长莫米罗维奇曾到项目现场视察，并对山东高速集团克服重重困难推动项目进程表示满意。

兹雷尼亚宁公路项目（贝尔格莱德—兹雷尼亚宁—诺维萨德），2020 年签署谅解备忘录，纳入 2021 年中国—中东欧国家领导人峰会成果清单，项目全长约 113 千米。塞尔维亚武契奇总统在采访时强调该项目是塞尔维亚重点推动项目，希望山东高速集团尽快推动项目实施，展现真挚的塞中友谊。

兹雷尼亚宁市是玲珑轮胎塞尔维亚工厂项目所在

地。公路的建成将大大缩短兹雷尼亚宁到首都贝尔格莱德的运输时间，玲珑轮胎公司在塞发展有巨大的推动作用。

在塞尔维亚新冠肺炎疫情期间，山东高速集团累计向塞方捐助 4.5 万个口罩和防护服、部分抗疫药品，收到了中国—中东欧国家合作机制塞尔维亚政府协调人兼塞尔维亚财政部长西尼沙·马力亲自签署的感谢信，表彰山东高速集团在抗疫斗争中为加强塞中两国同舟共济的钢铁情谊做出的贡献。

### （二）万华集团以经贸合作带动山东与匈牙利的地方合作

2011 年，为进一步完善全球产业链，在中国驻匈牙利大使馆的大力协助下，烟台万华集团以 12.3 亿欧元收购匈牙利宝思德化学公司 96% 股权。宝思德化学公司在 2011 年亏损 1.5 亿欧元，但经过万华的技术输出、管理输出、资本输出和文化融合，2014 年实现扭亏为盈，2018 年实现净利润 4.5 亿欧元；年销售额从 2011 年的 7 亿欧元增长到 2018 年的 18 亿欧元；公司排名从收购初期的匈牙利第 36 名到 2016—2018 年稳定在匈牙利前 10 名，跃升为中东欧百强企业，成为中国企业跨国并购整合的一个里程碑。2016 年，项目正式通过商务部、财政部考核，晋升国家级境外经济贸易合作区。目前，升级后的中匈宝思德经贸合作区已成为匈牙利当地最大的化工、生物化工为主导产业的经贸合作区。合作区内化工、工业气体、能源、机械加工等上下游行业企业有近20家，是目前中国在中东欧国家投资额最大的境外项目。万华集团与匈宝思德的联姻，不仅成就了两家企业，也推动了山东省与匈牙利的经贸合作，带动了山东省与匈牙利的友城发展。

中匈宝思德经贸合作区位于匈牙利包尔绍德—奥包乌伊—曾普伦州（简称包尔绍德州），是匈牙利面积、人口第二大州。紧跟万华的成功收购，2012年3月，山东省政府代表团访问包尔绍德州，签署了双方建立友好合作关系的备忘录，正式开启了两省州的友好往来。2013年，包尔绍德州时任州长罗兰特·门季受邀访问山东，与山东省多个部门举行工作会谈，促进包尔绍德州工商会、企业家和雇主协会与山东省贸促会合作协议的签订，务实推动了双方多领域合作。此外，代表团还访问了烟台市，为烟台市与包尔绍德州首府米什科尔茨交往拉开了序幕。2015年，为进一步推动外事资源下沉，实现与包尔绍德州多层次、宽领域合作，烟台市与米什科尔茨市建立了友城关系，涵盖经贸、文化、教育、科技等各个方面合作，从市级层面，打通两市官方交往渠道，为双方更深层次交往奠定坚实基础。

以两省州多层次友好往来和务实的经贸合作为基础，2018 年，山东省与包尔绍德州正式签署了《关于建立友好合作关系的协议》，为万华在匈牙利的发展注入当地政府资源，开启了两省州交往的新篇章。

## 1. 高层互访增加政治互信

自 2012 年起，两省州保持密切高层互动，中匈宝思德经贸园区始终是合作焦点。2019 年 10 月包尔绍德州政府换届，山东省政府派团访问包尔绍德州，与新任政府建立联系，助力万华集团中匈宝思德经贸项目后续发展。新任包尔绍德州州长嘉尔·伯格拉卡在履新的第一天，热情地接待了山东省代表团，彰显双方对友好关系的珍视。中匈宝思德经贸园区多年来为包尔绍德州的税收、就业等领域做出了杰出的贡献，得到了历任政府的肯定。新任政府也积极承诺，将继续为园区建设提供政策支持，给企业后续发展吃了一粒"定心丸"。2020 年 4 月，山东省领导致信包尔绍德州，在充分肯定现有合作的基础上，希望能拓展双方的合作领域，力争打造中匈合作典范。

成功的合作是开启双方合作的基石，高层的互信助推合作延伸。友好的政治和经济环境助力企业发展，为企业在外投资增加信心。

## 2. 人文交往厚植民意基础

米大孔院在中匈两国均受到良好的社会反响。联合中资企业共建孔子学院的举措得到国家汉办的首肯与赞誉。中匈宝思德经贸合作区的很多员工和高管也进入孔院学习汉语，为企业内部交流、中匈员工间建立互信打下良好基础。

国内疫情暴发期间，包括年过花甲的企业员工在内的孔院各个教学点的学生，在教师们的带领下一起录制了小视频为武汉加油。他们用熟练的中文表达了自己心情，"匈牙利人与武汉同在""我们在匈牙利为武汉加油"等温馨的话语彰显出两国在疫情中的相互支持和同舟共济。

3. 心手相连共渡疫情难关

国内疫情期间，山东省政府第一时间向包尔绍德州政府通报省内抗疫情况，消除负面言论，稳定民心。中匈宝思德经贸合作区积极做好园区防疫工作，至今没有一名员工被感染。受疫情影响，万华集团匈牙利外派人员部分滞留国内已超过半年。经过与匈牙利及包尔绍德州政府多方面沟通，匈方已批准了关键员工返回匈牙利的申请，将疫情的影响控制在可控范围内。

4. 省市联动共促友城发展

自2015年烟台市与米什科尔茨市建立友好合作关系以来，双方开展了丰富的交流活动。2016—2019年，应匈牙利米什科尔茨市邀请，烟台市外办连续4年组织烟台青少年参加该市在匈牙利巴拉顿湖畔举办的"国际友城青少年夏令营"活动，让烟台市青少年感受到 7000 千米外友城的魅力。2019 年 9 月，烟台美术博物馆承办的"仙境海岸·鲜美烟台——胶东民间窗花剪纸艺术展"在米什科尔茨市赫尔曼奥托博物馆精彩启幕，让包尔绍德州人民足不出户，领略到远方友城的民间艺术，生动地上演了一幕中国故事山东篇。

# 陕西省与中国—中东欧<br>国家地方合作<sup>*</sup>

近年来，地方合作日益成为中国与中东欧国家合作的重要组成部分。地方领导人会晤机制、地方省州长联合会以及首都市长论坛制度等各个机制的实施，为中国与中东欧国家地方合作提供了机制保障。贸易交往、投资合作、人文交流等为中国—中东欧国家地方合作提供了"压舱石"的"硬"基础与"稳定器"的"软"保障。在当前全球化新阶段和后疫情时代下，中央政策允许下的跨区域的地方合作因素是中国创新对外关系合作中的趋势之一，中国—中东欧国家地方合作的现实状况也是总趋势的直接反映。近年来，陕西围绕打造内陆改革开放新高地，积极融入同"一

＊ 姬文刚、顾虹飞，西安外国语大学波兰研究中心。

带一路"共建国家的合作。作为古丝绸之路的起点，以及国家向西辐射的"桥头堡"，西安及陕西同中东欧国家合作具有天然的区位优势。在中国—中东欧国家合作机制驱动下，陕西需要继续全面拓展对外开放的广度和深度，以促进地方经济社会发展、服务国家总体外交，为推动构建人类命运共同体发挥积极作用。

自 2012 年的华沙会晤起，中国—中东欧国家合作机制为双方搭建了新的合作平台。而这其中的地方合作则是中国对外合作中的一个新的亮点。自 2012 年以来，中国同中东欧国家地方政府积极参加各领域合作，在园区建设、经贸、科技、教育、人文等领域取得积极进展。2013 年，地方合作首次写入《中国—中东欧国家合作布加勒斯特纲要》，从"鼓励和支持地方合作"，再到 2018 年中国与中东欧国家"地方合作年"的设立①，中国和中东欧国家的地方合作迈入了新的阶段。2013 年（重庆）、2014 年（捷克布拉格）、2015 年（唐山）、2018 年（保加利亚索非亚）和 2021 年（沈阳），先后成功举办了五次中国—中东欧国家地方领导人会议。2016 年 6 月 16 日，《中国—中东欧国家地方省州长联合会章程》在中国—中东欧国家地方省州长联合会第二次工作会议上审议并通过。章程旨在

---

① 《中国—中东欧国家合作五年成果清单》，https：//www. fmprc. gov. cn/web/zyxw/t1514537. shtml。

引导与支持中国—中东欧国家地方基于相互尊重、互利共赢、优势互补的原则，积极参与经济、产能、交通、物流、基础设施、环保、农业、科技、人文等各领域交流与合作，丰富中国—中东欧国家合作内涵，深化中国同中东欧国家间的友谊。

中国和中东欧国家的市场规模并不对等，地方合作在很大程度上弥补了这一缺陷。2021年2月9日，习近平主席在中国—中东欧国家领导人会晤上的重要讲话中特别强调："我们要加强地方经贸合作，继续推进宁波、沧州等地中国—中东欧国家经贸合作示范区、产业园建设"，"我们要落实好第五次中国—中东欧国家地方领导人会议共识，推动地方合作取得更多成果"。

因此，全方位、多层次、多元化的开放合作格局需要充分发挥地方政府对外交往的重要作用，使得地方政府对外交往形成对中央外交和对外开放合作的有益补充。这里以陕西为例，对中国—中东欧国家合作机制背景下的地方政府对外交往进行初步研究。

## 一　中国地方合作的逐步兴起

地方政府对外行为的自主性是在央地关系的背景下存在的，作为一种制度性分配方式，其可以适当缓解国内环境中地区发展不均衡的问题。当然，地方作为中国国际化进程中的试验场，又使其国际化对其周边地区产生巨大的扩散和溢出效应。中央政府能够顺应地方国际化的溢出趋势，推动其他地区的第二波国际化进程，这其中既有国际体系的因素，也有开放战略的均衡考虑。2018年12月，国务委员王毅在全国地方外办主任会议上表示，地方合作对于中国外交而言，需要帮助和服务地方更好发展，为中外地方交流合作牵线搭桥，同时也为驻华使节与地方加强沟通、促进合作发挥重要和积极的作用。①

就整个国家而言，国际化是改革开放40多年来，中国在国际体系下出现的最重要现象之一，国际化进程构成了中国地方与全球联系的重要纽带，加强了地方对全球体系的依赖，促使地方在中国的国际化进程中扮演极为重要的角色。

在开放的经济环境中，全球化的存在使地方从全球联系中产生更高的收益预期，国际化的吸引力使地方成为中国开放的重要内部经济驱动力。对于国家的对外行为而言，地方国际化及其全球联系的增强，间接地将地方推到了国家对外关系的前沿地带。正统的外交定义赋予中央政府对于外交的绝对控制权。但是，

---

① 《王毅出席2018年全国地方外办主任会议并作报告》，https：//www. fmprc. gov. cn/web/wjbzhd/t1625251. shtml。

随着地方在全球联系中地位的上升，地方在国家外交中的经济与社会功能可能呈现日益扩大的趋势。地方国际化及其全球联系反映了中国与世界相互依赖加强的事实，是中国在建立全球"伙伴关系"的重要基础。国际化程度越高，地方拥有的国际竞争比较优势越明显，地方则越有可能支持中国更为广泛地参与国际经济体系。

## 二　陕西省同中东欧国家合作的现状

在战略规划上，陕西省向内陆改革开放新高地的目标不断迈进。国家"一带一路"倡议的实施，使陕西由内陆城市变为国家向西开放的前沿地区，由地理意义上的"三秦大地"变为经济意义上的高地。截至2021年3月，陕西省及西安市已经与8个中东欧国家省（市）建立国际友城关系（见表1）。截至2020年年底，西安咸阳国际机场的国际（地区）通航点总量达到67个，航线75条，联通全球36个国家、74个主要枢纽和旅游城市，并与布拉格、布达佩斯两座旅游城市设有直飞航线，成为服务陕西"三个经济"发展的新引擎，构建起陕西对外开放和走向世界的航空大通道。2021年5月11日，第五届丝绸之路国际博览会暨中国东西部合作与投资贸易洽谈会主宾国国家馆开馆仪式在西安举行。地处中东欧的斯洛伐克作为丝博会主宾国，通过展示主宾国整体形象、投资领域和重大合作项目，开展投资洽谈和大宗商品贸易，进一步促进了陕西同中东欧国家和地区间的合作。门户城市地位伴随着"一带一路"倡议日益显现，使陕西逐渐成为国内外企业抢占中国西部市场的战略制高点，成为跨国企业投资中国西部的首选地。

表1　　　　　陕西省和中东欧友好城市（截至2021年3月）

| 中方 | 外方省（州府县区）市名称 | | 结好时间 |
|---|---|---|---|
| 陕西省 | 罗马尼亚 | 布泽乌县 | 2008年4月11日 |
| | 罗马尼亚 | 胡内多阿拉省 | 2021年3月16日 |
| | 匈牙利 | 琼格拉德州 | 1995年11月21日 |
| 西安市 | 罗马尼亚 | 雅西市 | 1994年12月6日 |
| | 希腊 | 卡拉马塔市 | 2009年9月17日 |
| | 黑山 | 科托尔市 | 2013年11月25日 |
| | 塞尔维亚 | 克拉古耶瓦茨市 | 2016年6月18日 |
| 渭南市 | 匈牙利 | 塞格德市 | 1999年10月27日 |

资料来源：陕西省人民政府外事办公室，http：//sxfao.gov.cn/。

在贸易合作方面，从目前可获取的数据来看，截至2019年，陕西省属投资企业对中东欧国家累计投资670万美元。其中，陕西中烟工业有限责任公司对罗马尼亚累计投资668万美元，主要从事烟草制造业；陕西光伏产业有限公司在捷克累计投资3万美元。2018年，中东欧17国仅有罗马尼亚在陕投资，新设合资企业1家（陕西罗鹰国际贸易有限公司），合同外资15万美元，实际外资为0。2019年，中东欧17国仅有波兰、罗马尼亚2个国家在陕进行投资，其中波兰新设企业2家——独资企业乔纳国际贸易（西安）有限公司、合资企业西安美育教育咨询有限公司，合同外资共44万美元，实际外资为0。罗马尼亚新设独资企业1家（西安鲁迪恩商务咨询有限公司），合同外资14万美元，实际外资为0。从数据上看，现有的外向型经济基础不强，要素配置效率以及国际化发展水平不高，体现在实际利用外资水平和外资企业数量与国内其他省份相比仍然存在差距。

在教育合作方面，陕西高校对外交流日益增加，与中东欧国家合作显著增多。从目前获取的数据统计来看，2019年来陕留学生数量居全国第九位。由西安交通大学发起成立的丝绸之路大学联盟，吸引了包括中东欧国家在内的38个国家和地区的151所高校加盟，为推动不同国家和地区大学间的校际交流、人才培养、科研合作、文化沟通起到了积极而独特的作用。企业和高校对外交往既丰富了陕西对外交往的内容，也搭建了陕西对外交往的新平台。作为2013年中国—中东欧16国共同发表的《中国—中东欧国家合作布加勒斯特纲要》的行动落实，为推动与中东欧国家高校合作，2014年9月中国—中东欧国家高校联合会正式成立。之后，西安交通大学与中国国际教育交流协会签署协议，西安交通大学承担了"中国—中东欧国家高校联合会"网站建设工作，也承担了2020年"中国—中东欧国家高校联合教育项目"评审会工作。

在互联互通方面，中欧班列"长安号"是陕西省对中东欧国家开放的"亮点"之举。中欧班列的开通连接了亚欧大陆，辐射和串联中国西部、欧洲及俄罗斯的经贸往来。在国际区域合作中，由中欧班列开行带来的双方商业往来推动了双边地方合作的升级。中欧班列"长安号"2020年全年开行量达到3720列，涵盖波兰马拉舍维奇及华沙、匈牙利布达佩斯、拉脱维亚里加3个中东欧国家的4个主要城市。班列开行量、重箱率、货运量等核心指标稳居全国第一，全年中欧班列质量评价指标全国第一，成为全国中欧班列高质量发展的典范。班列的高效直达，采取定线路、定站点、定车次、定时间、定价格的"五定模式"，全程整列运行，中途不解体。此外，快速优价，运输时间是传统铁海联运时间的1/3，运价是空运费用的1/4。定期发班模式，采取了每周固定时间开行，冬季不停运。班列的快速通关，实现了全程 EDI 电子报关，采取"一次申报、一次查验、一次放行"的快速通关模式。其运营带来的安全可靠，班列运行全程 GPS 跟踪，特制集装箱加置了电子安全锁。班列采取了社会公共物流平台营运模式，面向社会组织货源，受理整箱拼箱业务。[1] 在多种优势条件下，陕西与中东欧国家之间的班列运营逐步成为联动亚欧各板块经贸互动的国际物流枢纽，实现了交通贸易的互联互通，也促进了陕西加入对全球影响更为深远的亚欧经济新版图之中。

## 三　未来的挑战及建议

改革开放以来，全球化的吸引力使地方成为中国开放的重要内部政治经济驱动力。地方国际化及其与全球联系的增强，间接地将地方推到了国家对外关系的前沿地带。中国对外关系的政治结构与层次中，地方成为进入国家外交政治过程的重要环节。随着均衡的开放政策的出台，内陆地区的国际化进程逐步启动，并极大地激发了其合作动力。中国"一带一路"建设通过与沿线国家建立国际通道和经济走廊的方式，将中国内陆地区推向了国家开放的前沿阵地，为内陆地区适应国际国内经济发展新形势、分享国家改革开放新成果提供了重大机遇，因而融入"一带一路"发展已成为众多内陆地区的必然选择。

---

[1] 谢建英：《中欧班列运营现状及发展趋势分析》，《物流经济》2018 年第 11 期。

　　陕西围绕通道、枢纽、节点、腹地和产业五大战略方向，按照"加强组织实施、强化枢纽功能、抢建集货网络、鼓励外贸和产能转移"的实施路径，有效促进了陕西对欧洲的贸易量止滑回升，提升了市场影响力。西安港是目前中国唯一获得国际、国内双代码的内陆港口进入了全球航运体系，先后获批一类铁路口岸、二类公路口岸、进境粮食指定口岸、进口肉类指定口岸及整车进口口岸。

　　近年来，中国与中东欧国家地方实体经济的合作形式趋于多样化，中资企业项目纷纷在中东欧国家落地，商品在双方的市场占有率有了明显提高。在"一带一路"倡议的指引下，陕西本土企业陕鼓集团通过国际并购的方式，在2015年收购了捷克EKOL公司，成为当年中国在捷克制造业领域的最大一笔投资，也成为陕鼓实现国际化发展的加速器。目前，陕鼓已拥有欧洲研发公司（德国）、陕鼓欧洲服务中心（捷克）、陕鼓EKOL公司（捷克）、陕鼓印度服务中心、印尼工程代表处、中国香港公司、卢森堡公司等12家海外公司和服务机构。企业落地的外溢效应也促进了中国与捷克之间更多的商贸往来。2017年，陕鼓集团开设了陕西首个面向企业人的捷克语培训班，为陕西企业培养了一批懂捷语和捷克文化的商务人才。目前，陕西省商务厅主导的"陕西国际产能合作（捷克）促进中心"已在捷克陕鼓 EKOL 公司正式揭牌。陕鼓集团作为该中心主任单位，将借助该平台引领陕西企业与捷克和中东欧企业对接交流，开展产能产融合作，共同打造"海外陕西"，助力拓展陕西海外空间，拉动区域经济发展。

但不容忽视的是，中国地方政府的对外合作在区位上采取了从沿海到内地层层推进的倾斜式而非平衡式步骤，这一系列政策成为地方、产业和部门不平衡的重要外在因素。开放的倾斜性使沿海地区享受到比中西部地区更优惠的外贸、投资、税收和劳动力流动等政策。拥有区位和政策优势的地方，其内部市场与国际市场呈现更为密切的全球联系，也最先分享到国际化带来的巨大收益。现有同中东欧国家地方合作的机制偏于编制，签署文件备忘录多，成果项目落地从数量上看仍然偏少。此外，地方合作的形式往往与单纯的经济合作画等号，缺乏多样性。中国与中东欧国家之间的贸易和投资的机会并不均等，双向互动依然较弱。面对中东欧国家投资环境复杂，中方企业存在观望心态。

此外，成功的国际合作需要信任和准确的认知，而地方合作作为与中东欧国家合作的最基本单元，开展更为多元的文化交流有助于民心相通，促进相互了解，同时也可以助力繁荣陕西的本地文化。特别是在加速全球化和国际化的当今世界，地方人民是否具有全球视野、是否具有能力应对各种外来文化挑战，兼收并蓄①，也决定着陕西是否有应对全球挑战的能力及其能力大小。因此，陕西作为中国内陆地区若借助陆路大通道融入"一带一路"，推动中国与中东欧国家地方合作，需要在以下几个方面有所改进。

## （一）完善战略实施体系

陕西需要充分认识同中东欧国家地方合作对促进自身发展的战略意义，把"陕欧"战略上升为省级层面融入"一带一路"建设的重要路径，统筹考虑该战略实施的溢出效应和虹吸效应，营造良好合作环境，形成国、省、市、县四级齐心协力和共同推进的局面。要深化中东欧国家与本省其他市县产业的协调和合作，支持本省各县市主动对接，提升产业规模效应。例如，中东欧国家大多具有较好的农业发展基础及合作需求，借助陕西自贸区及杨凌自贸片区建立的国际联合实验室、农业研究中心等，开展同中东欧国家在内的援外培训以及各类农业培训班，组建农业技术交流培训基地智库。此外，西安还需加强与陕北（榆林）、陕南（安康）等省内主要港口的铁路、公路、水路联运基

① 陈志敏：《次国家政府与对外事务》，长征出版社 2011 年版，第 85 页。

础设施建设，强化多式联运承转衔接，把陕西乃至整个西北地区作为西安物流业、制造业的广阔腹地，形成整体竞争优势。

### （二）以中欧班列为引领，加速与中东欧国家多元互联互通

中欧班列作为跨大洲、跨国别、长距离、大运量的新型运输方式，是中国参与全球开放合作、共建"一带一路"、推动构建人类命运共同体的"中国方案"，已经成为沿线国家广泛认同的国际公共产品，尤其面对突如其来的新冠肺炎疫情，中欧班列实现逆势增长和安全稳定运行，显示了亚欧大陆桥在贸易畅通中的重要作用，彰显了共建"一带一路"倡议的强大生命力，展现了新时代中国特色社会主义制度之下的"中国之治"。中欧班列作为新形势下国际产业链供应链的重要载体，在构建以国内大循环为主体、国内国际双循环相互促进新发展格局中承担着历史使命，发挥着重要作用，也将迎来重大发展契机。

截至 2021 年 4 月底，中欧班列长安号共开行 1175 列，是 2020 年同期的 1.2 倍。开行量、重箱率、货运量等核心指标稳居全国前列，成为全国中欧班列的主力军之一。中欧班列具有稳定、快速、直达的运行特

点，对此，陕西应立足于本地产业优势，打造专业性物流中心，完善西安枢纽物流设施建设。围绕西安综合物流枢纽，加快打造具有多式联运功能的大型综合物流基地，完善冷链物流基地及城市配送中心布局，加强西安港与沿海港口、机场、公路货运站以及产业园区的统筹布局和联动发展，形成水铁公国际多式联运体系，实现无缝高效衔接。同时，要扬长避短，寻求与那些需要稳定组织生产和快速将产品运抵欧洲的企业建立合作关系，把运行优势转化成市场占有率和竞争力。

### （三）利用旅游资源优势，推动与中东欧国家文旅交流

中国与中东欧国家在人文旅游领域的合作非常活跃，诸多"旅游年""旅游节"和"旅游文化周"等活动，以高强度、大范围的强烈攻势为人文旅游搭建平台。中国在中东欧国家设立的中国文化中心与相关文化机构，以及欧洲各国在华设立的文化中心与相关机构，定期举行各国人文旅游项目的介绍活动，以打造各自国家的旅游名片。鉴于中东欧国家在"一带一路"倡议和中国—中东欧国家合作机制中的重要作用，围绕旅游合作的高级别会议已经成为统筹中国—中东欧国家旅游业前行的重要渠道。

陕西作为古丝绸之路的起点，拥有不计其数的旅游胜地、历史文化、民俗风情、自然风光，有待展现给更多的中东欧国家友人。因此，陕西要进一步挖掘这些中国特色旅游资源的文化内核，赋予其独具地方特色的价值与意义，并及时向外推广，是有效提高、强化中国在"一带一路"国家和地区吸引力与认可度的重要工作。

### （四）利用媒体资源，讲好陕西故事

一国民众是否对当地具有正面印象、怀有善意，媒体是影响一国人民对当地了解的重要介质。因此，做好陕西的对外传播工作，是陕西与中东欧各国各地区人民深化相互了解、增进彼此信任的重要渠道。受众获取信息一般更多依赖本国媒体。推进陕西同中东欧国家媒体合作，借船出海、借台唱戏，有利于缩短文化的隔膜，消除交流的梗阻，接续传播的地气。

陕西地方性媒体需加大同中东欧国家主要媒体的合作。一方面，建立新闻产品互换机制，推动媒体间信息和资源共享，联合采访、联合制播、共享稿件、共享版面等，如制作有关陕西的中东欧语种优秀纪录片、电视剧等；另一方面，围绕"一带一路"倡议与中国—中东欧国家合作的主题，推出多领域、多视角、

多形式活动，如媒体人文交流论坛、新媒体青年领袖峰会、媒体对话会等活动。陕西要同中东欧国家交流思想、凝聚共识、扩大协作、搭建平台。

### （五）借助西部科教重镇地位，深化多元合作

陕西是中国西部的科教重镇，在陕留学生数量居全国第九位。丝绸之路大学联盟更是吸引了包括中东欧国家在内的 38 个国家和地区的 151 所高校加盟，为推动不同国家和地区大学间的校际交流、人才培养、科研合作、文化沟通起到积极而独特的作用。作为 2013 年中国与中东欧 16 国共同发表的《中国—中东欧国家合作布加勒斯特纲要》的行动落实，为推动与中东欧国家高校合作，2014 年 9 月 "中国—中东欧国家高校联合会" 正式成立，秘书处设在陕西。

因此，利用现有 "中国—中东欧国家教育政策对话" 和 "中国—中东欧国家高校联合会" 两大平台，要在校际交流合作、学历学位互认、双向留学、语言教学合作等方面继续深耕，充分发挥地方特色优势，推动同中东欧国家全方位的教育战略合作，探索通过设立教育交流基金，以各国教育部门投入和吸引社会资本相结合的形式，资助双方教育机构开展合作办学、师生交流、科研合作、文化推广等多种形式的交流与合作项目；探索多种国际人才培养新模式，为双方学生提供多国家、

多校园的学习机会，支持互开语言课程，培养一批具有多语言能力的国际化人才；举办音乐节、艺术节、文化体验周等活动载体，为来自各国的青年学生在文化艺术殿堂相互交流、共融共享搭建平台。

# 重庆—中东欧国家地方
# 合作现状及展望<sup>*</sup>

重庆是西部大开发的重要战略支点，处在"一带一路"和长江经济带的联结点上，在国家区域发展和对外开放格局中具有独特而重要的作用。习近平总书记十分关心重庆发展，对重庆提出营造良好政治生态，坚持"两点"定位、"两地""两高"目标，发挥"三个作用"和推动成渝地区双城经济圈建设等重要指示要求，为包括深度参与中国—中东欧国家合作在内的新时代重庆改革发展定向导航。2011 年 3 月，重庆成功开行了全国首列中欧班列（重庆—杜伊斯堡，原"渝新欧"国际铁路联运大通道），途经哈萨克斯坦、俄罗斯、白俄罗斯、波兰，为加强重庆与欧洲的交流合作奠定了良好基础。2013 年 7 月，首届"中国—中东欧地方领导人会议"在重庆成功举办，并通

* 严伟涛，重庆社会科学院农村所。

过了具有里程碑意义的"重庆倡议"。在此次会议上，还揭牌成立了"重庆—中东欧国家研究中心"。近年来，在中国—中东欧国家合作框架下，重庆全方位开展与中东欧国家间的地方合作，取得明显成效。

# 一　重庆—中东欧国家地方合作成果显著

近年来，重庆与中东欧国家友好交往更趋深入，合作领域更为广泛，合作平台更为多元，经贸投资更为高效，在基础设施建设、农业、科技、金融、人文交流等领域均取得了一系列的成果。

## （一）政经领导互访频繁

"重庆倡议"的发布奠定了重庆在促进中国—中东欧国家地方合作中的历史地位，推动重庆与中东欧国家地区人员往来日趋频繁。重庆市已有十多批市领导分别率团访问中东欧地区的波兰、克罗地亚、捷克、匈牙利、罗马尼亚、斯洛文尼亚、保加利亚等国，数十批经贸人文代表团访问中东欧地区，商洽推动合作。包括斯洛文尼亚前总统、塞尔维亚前进党副主席、时任罗马尼亚总理、时任北马其顿总理、塞尔维亚议长、匈牙利国会副主席、匈牙利外交和对外经济部部长、匈牙利总理首席顾问等政要，以及匈牙利布达佩斯市副市长、佩斯州议会副主席、波兰卢布林省省长、斯洛文尼亚马里博尔市市长等地方高层，以及中东欧国家驻华使节等访问重庆，增进互信，促进合作。

## （二）中欧班列实现多项全球首创

在中国—中东欧国家地方领导人会议上，重庆市向中东欧国家推介渝新欧国际铁路联运大通道（以下简称"渝新欧"），提出 5 项相关建议促进合作。渝新欧通过发挥"通道带物流、物流带经贸、经贸带产业"的促进作用，构建中国—中东欧国家合作的新局面。从渝新欧班列自 2011 年开行以来，在体制机制上进行了多项创新和突破，如铁路联席会议制实现了亚欧铁路组织的运单统一，跨国海关国际协调机制实现了沿线国家一次报关查验、全程放行等。

近年来，重庆大力建设中欧班列（渝新欧）。2020年，中欧班列散辐射能力进一步增强，先后新增了帕尔杜比采（捷克）等多条直达线路，以及布达佩斯环线和捷克环线。截至 2021 年 3 月 14 日，中欧班列（渝新欧）累计开行近 7600 班，运输货值历年来均位居中国第一。与此同时，中欧班列（渝新欧）也是唯一拥有沙坪坝团结村站和两江新区果园港鱼嘴站两个发运站点的中欧班列。

### （三）经贸合作成效显著

近年来，重庆—中东欧国家经贸往来日益深入，重庆市多次派经贸团参加在宁波举办的中国—中东欧国家贸易投资博览会、波黑萨拉热窝中国—中东欧国家经贸论坛等系列活动。2016 年 8 月，中国—中东欧国家物流基础设施投资合作推介洽谈会在重庆举行，捷克、波兰、克罗地亚、拉脱维亚、罗马尼亚、匈牙利、马其顿、斯洛伐克、立陶宛等中东欧地区国家驻华使领馆和企业代表等应邀出席会议。2018 年，中国—中东欧银联体"一带一路"与区域金融合作交流培训活动在重庆举行。该项活动由国开行主办、国开行重庆分行承办，来自中国和中东欧国家的银行、金融界代表 40 多人出席。重庆轻纺控股集团、中船重工（重庆）海装风电设备有限公司、重庆农产品集团、重庆再生资源集团、重庆外经贸集团、重庆金山科技公司等企业积极走出去，与捷克、罗马尼亚、保加利亚、波兰、克罗地亚开展在进出口贸易、投资、风电开发、基建、医疗等方面的项目合作，国开行重庆分行向中东欧多国派出工作组从事项目开发融资支持。2020 年，重庆与中东欧 17 国进出口总额同比增长 24.7%。

### （四）科技合作成果丰富

2017 年 5 月，中匈技术转移中心（重庆）、中匈食品科学合作研究中心揭牌。2018 年 11 月，中国—匈牙利技术转移中心网站正式上线。截至 2021 年 4 月，中匈技术转移中心（重庆）已累计促成 20 个项目合作签约，10 个合作项目落地实施，涉及领域包括现代农业、智慧城市、智能制造等。2018 年，重庆工商大学与斯洛文尼亚相关科研机构合作，成功申请了科技部交流例会项目"基于智能学习的水文预测及其在中—斯水文领域应用研究"，双方在智慧水务方面开展了进一步合作。2019 年，重庆科技检测中心与斯洛文尼亚—卢布尔雅那大学合作，共建了中—斯大数据技术联合研发中心。西南大学与克罗地亚萨格勒布大学共同申请了科技部交流例会项目"原子核裂变的微观能量密度泛函研究"，目前项目已经顺利结题。重庆邮电大学与波兰相关科研机构合作，在"高压下新型光电材料的结构和性质"及"反位缺陷对掺镧系离子石榴石激光材料光学性能影响的实验和理论"等方向上开展了共同研究。2019 年，市科技局组团参加了在塞尔维亚举行的第四届中国—中东欧国家创新合作大会。2021 年，西南大学食品科学学院《基于中匈昆虫食用安全性的生化因素和分子生物学系统研究项目》和

《红辣椒在采收、加工和贮运过程中品质劣变机理研究项目》入选《中国—匈牙利共建"一带一路"优先合作项目清单》。

**（五）教育合作惠及各方**

目前，重庆市高校已与波兰、捷克、匈牙利、保加利亚等 10 个中东欧国家的 50 余所高校和研究机构建立了友好合作关系。2013 年，"中国—中东欧国家教育政策对话"在重庆举行，来自 14 个中东欧国家的教育官员、大学校长、驻华使节以及中方 40 多所高校代表出席会议。会议通过了《中国—中东欧国家教育政策对话重庆共识》。2015 年 6 月，重庆交通大学与波兰奥波莱工业大学及全波理工类高校联合会等 20 多所高校签署了合作协议，合作共建"新丝绸之路国际联合研究中心"。2016 年 7 月，四川外国语大学与匈牙利罗兰大学人文学院签署匈牙利语专业项目合作协议，在四川外国语大学开设匈牙利语专业，运行"1 + 3"培育模式。2017 年，北京工业大学、重庆交通大学、波兰奥波莱工业大学共同发起的，由中波 23 所高校共同参与组建的"一带一路"中波大学联盟在北京成立，其中重庆高校 7 所（重庆大学、西南大学、重庆交通大学、重庆邮电大学、重庆理工大学、重庆工商大学、重庆科技学院）。重庆交通大学欧洲研究中心获批建设，并与波兰奥波莱工业大学联合成立中波新丝绸之路国际联合研究中心。2019 年 5 月，黑山首都波德戈里察市电子技术职业学校校长韦塞林·皮库里克率团来渝出席"一带一路"国际技能大赛，与重庆城市管理职业学院签署合作备忘录，将在师生互派交流、教学项目开发、专业人才培训等方面开展校际合作。

### （六）文化智库异彩纷呈

重庆—中东欧国家研究中心自 2013 年在首届中国—中东欧国家地方领导人会议上成立以来，围绕推动重庆深度参与中国—中东欧国家合作机制，与中东欧国家智库和科研机构互访互动、互学互鉴，组织省级课题研究、开展人才培养、积极建言献策，有效发挥了促进交流、增进合作的桥梁和纽带作用。2016 年 4 月，重庆大型文艺代表团应邀参加第 36 届"布达佩斯之春"艺术节，并在罗马尼亚奥拉迪亚等地演出。中国西部"布达佩斯之春"和"布达佩斯之秋"文化交流活动已成为重庆与匈牙利文化交流的重要品牌。"2017 中国—中东欧国家文化季"活动在渝举行。2014 年，重庆在罗马尼亚布加勒斯特市设立了重庆图书之窗，推广中华、巴渝文化和汉语教学。在中国—中东欧国家智库交流与合作网络支持下，重庆—中东欧国家研究中心积极参与交流活动，开展项目研究。2019 年 6 月 2—4 日，"一带一路"陆海联动发展论坛在重庆举行，斯洛文尼亚前总统图尔克、塞尔维亚前进党副主席马尔科·久里奇、黑山社者党政务长塔尔赞·米洛舍维奇议员等来渝参会。2019 年 11 月，匈牙利驻重庆总领事馆在重庆市区鹅岭公园内设立的裴多菲夫妇雕像建成揭幕，该雕像由匈牙利和中国艺术家共同完成。

### （七）友好城市交往密切

目前，重庆市与中东欧地区建立了地区友好关系共计 16 对，其中友城 3 对，友好交流城市关系 13 对，涉及匈、保、斯、罗、克、捷、阿、波黑、波兰、黑山、希腊等 11 个国家。新冠肺炎疫情暴发后，重庆与中东欧国家通过互赠抗疫物资、视频交流抗疫技术经验等多种方式携手抗疫。重庆在全国首开了"中国邮政号"（中欧班列），2020 年运送邮包超 800 个标箱，输运国际邮包和抗疫物资超过 2000 万件，为抗疫国际合作做好了物流保障。

## 二　重庆—中东欧地方合作 面临的挑战

目前，重庆—中东欧国家地方合作存在如下几方面的挑战。

一是百年未有之大变局下面临多种挑战。重庆—中东欧国家地方合作必然要面临欧盟强化干预、中美全面博弈等多方面挑战，且部分中东欧地区国家尚处于经济社会转型期，新冠肺炎疫情影响下经济增速下行，短期内商贸人员相互往来难以恢复，社会不稳定因素有所增加。

二是中欧班列等相关基础设施不完善。中东欧部分国家基础设施建设滞后。以中欧班列为例，在塞尔维亚境内，仅有1000多千米的铁路里程实现了电气化，时速低于60千米的火车占一半以上。

三是对中东欧国家的了解研究不足。中东欧国家之间在发展水平、文化渊源、政治法律体制、与欧盟关系等方面均有较大差异，这就要求重庆在开展地方合作的工程中针对不同的国家在不同的领域采取不同的模式开展合作。但目前重庆针对中东欧国家的系统性、全面性研究较之合作需要相对不足，影响了双方的深度合作。此外，重庆仅有少数高校开设了中东欧语言教育，缺乏针对中东欧国家法律政治的人才培养机制，重庆企业难以招聘到熟悉了解中东欧国家相关法律法规、政治体制等方面的专业性人才。人才的缺乏成为制约重庆—中东欧国家开展地方合作的重要因素。

# 三　对加强重庆—中东欧国家
## 地方合作的展望

创新地方合作方式，探索地方合作新模式将是推动中国—中东欧国家合作的有效路径，为此，就重庆融入中国—中东欧国家地方合作框架提出以下建议。

一是深化中欧班列等物流通道建设。依托"西部陆海新通道"和中欧班列（重庆）国际铁路大通道，加强重庆与中东欧国家在铁路、航空等方面合作，积极推动重庆—中东欧国家物流基础设施建设，鼓励重庆物流企业在中东欧国家设立分拨网点，吸引中东欧国家工业品和特色农产品运输到重庆，并以重庆为国际物流集散中心，拓展中国中西部市场。同时，吸引中东欧国家充分利用重庆开放平台，在重庆设立商品展示交易中心，深化双方经贸合作，拓展双方合作区域。

二是加强科教文化旅游等全方位交往合作，拓展科技合作新领域，依托中国—匈牙利技术转移中心，与更多的中东欧国家科研机构建立合作渠道，推动一批科技创新成果在渝转化落地。重庆和中东欧国家互派工程技术、医疗卫生、科技教育等领域高级专家到对方城市开展学术交流与培训活动，鼓励双方科研院所技术人员联合开展技术攻关。加强文化交流，支持重庆—中东欧国家文化组织和团队积极开展文艺展演活动，鼓励双方博物馆合作办展，推出重庆—中东欧国家历史文化系列展示，加深各国人民的了解，增强文化交流影响力。开辟中东欧专门旅游线路，拓展旅游业合作新领域，鼓励双方游客互动，向重庆游客推介优美的中东欧景点，积极宣传过境重庆144个小时免签等优惠政策，吸引中东欧游客到重庆旅游。

三是加强培育专业人才培养。邀请中东欧国家高等院校在重庆开展匈牙利语、斯洛文尼亚语等中东欧语言教学，培训服务重庆—中东欧国家地方合作的政治、法律等方面人才。鼓励重庆职业院校联合相关企业到中东欧国家办学，开设"鲁班工作坊""海外人才培养基地"等，加强本土化员工培养培训。大力培养高层次研发人才和紧缺专业人才，鼓励双方有条件的科研、高校和企业设立博士后工作站，联合培养人才。

四是深化友好城市合作。深化双方现有友好城市之间的交流合作，扩展友好城市数量，发挥海外侨胞、外资企业、学术团体等民间力量，在重庆—中东欧国家之间逐步建立起"国际友城—国际友好交流城市—友好区县—友好机构"立体交往网络，进一步拓展交流渠道，增进人民友谊。

　　五是深化智库合作，共同发布年度研究报告。建议在中国—中东欧国家智库交流与合作网络平台下，发挥重庆—中东欧国家研究中心的积极效用，不断深化重庆与中东欧国家之间智库及学术机构的交流合作，为中国—中东欧国家地方合作提供智力支持。建立智力支撑联合体系，鼓励中国—中东欧国家智库围绕双方的政治、经济、文化等问题共同组建联合研究团队，进行跟踪研究，共同发布年度研究报告和年度贸易投资报告，及时预警各种相关风险（如政治风险、主权债务风险、汇率风险等）。

# 四川省与中东欧国家合作现状 *

近年来，在党中央、国务院和省委、省政府的坚强领导下，四川省坚定以习近平新时代中国特色社会主义思想和习近平总书记对四川及成都工作系列重要指示精神为指导，全面落实"四向拓展、全域开放"的战略部署，深度融入"一带一路"建设，力争将成都建设成为国际门户枢纽城市。

2019 年，成都继续加快对外发展步伐，不断拓宽对外通道，为持续对外开放营造了良好的发展环境和营商环境。其不仅设立了成都国际铁路港综合保税区，还荣获了 2019 年"中国国际化营商环境建设标杆城市"。

坚持"突出南向、提升东向、深化西向、扩大北向"的发展规划，成都正在逐步形成"四向拓展、全

---

* 席珍彦，波兰与中东欧问题研究中心、四川大学国际关系学院。

域开放"的态势。自中国—中东欧国家合作机制实施以来，四川与中东欧合作呈增长态势：人文交流合作不断增多；中欧班列运行数量逐年增多，运行质量持续增长，国际空港和国际铁路港已然成为成都发展外向型经济的战略支撑。

# 一 四川与中东欧合作的基本情况

## （一）设施联通水平提高

在全国30多座开行中欧班列的城市中，无论是从过去数年的累计开行数量还是开行质量来看，成都表现抢眼，尤其是在运营时效、成本优化方面尤为突出。"蓉欧快铁"影响力不断提升，覆盖范围不断扩大，形成了由点到线、由线织网的综合性铁路枢纽。

自中欧班列开行8年以来，成都国际班列累计开行超过8000列，境外城市拓展至61个。青白江海关方面对于人工审核程序的优化，大大缩短了通关时间。

成都蓉欧班列目前主要连接波兰、匈牙利、捷克三个中东欧国家。2019年，中东欧国家至成都的中欧班列东向回程共计开行179列，其中波兰罗兹回程开行173列，波兰马拉回程开行2列，匈牙利布达佩斯回程开行4列。主要运输货物品种丰富，包括机器类、木材及木制品、纸类、塑料橡胶制品类、汽车零配件、发动机、木质碎料板、箱板纸、轮胎、家用电器等，2019 年进口货值 2.69 亿美元，2018 年为 3.18 亿美元，同比下降 18%。2020 年进出港外贸货值达 1507 亿元。

据统计，成都中欧班列在过去 8 年的运营时间里，开行班列年复合增长率达 120%，约占全国开行总量的 1/4，已成为国内运行时效较快、班次较多的中欧班列。8 年来，成都国际班列和中欧班列开行数量多年来一直位居全国前列，已建成以成都为主要枢纽的全球海陆货运配送体系。进出港货物货值从 2013 年刚开行的不到 100 亿元增长到了 2020 年的 1507 亿元。

成都国际铁路港将助推四川拓展了国际通道，完善了枢纽功能，创新了运行机制，扩大了对外开放，正朝着"蓉欧枢纽"的方向稳步推进。

### （二）经贸合作出口增长

2019 年，四川与中东欧贸易进出口总额出现较快增长。2019 年，四川省对中东欧地区出口规模达 152 亿元，与 2018 年相比出口增速达 89.37%，出口增速明显；全年对中东欧地区进口规模达 19 亿元，比 2018 年增长 1.87%。具体如图 1 所示。

为深度参与"一带一路"倡议和中国—中东欧国家合作机制，深挖中东欧国家与四川省经贸合作领域

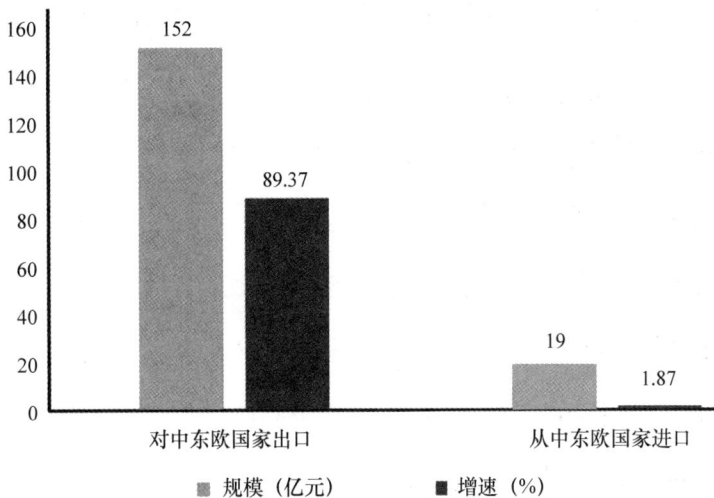

图1 四川与中东欧国家进出规模

的商机和潜力，将"走出去"和"请进来"有效结合，中国国际贸易促进委员会四川省委员会与省农业厅共同组织企业赴保加利亚和罗马尼亚开展四川农业食品东欧经贸合作交流活动，成果显著。

四川代表团通过以展促贸、以会促商、以谈促发展的理念，全力打造四川展团，组织企业"抱团走出去"，创新服务方式，精心设计"熊猫、九寨、茶叶"等四川元素，以鲜明地域文化特色提升四川产品形象和品质，组织四川农业特色产品"走出去"，推动"川字号"特色品牌企业开拓中东欧市场。

2017年9月22日，四川代表团在罗马尼亚举办四川—伊尔福夫经贸推介暨企业座谈会。双边约40家企业参加会议，进行了充分交流和洽谈。罗马尼亚伊尔福夫省副省长力兹亚先生率地区政府代表和企业参加会议。力兹亚先生介绍，伊尔福夫主要工业部门有食品加工、机器制造、汽配、制药、服装等，主要农产品有粮食作物、植物油、蔬菜、水果等，有著名的"唐人街""红龙市场"等国家商品集散市场，也是旅罗华侨和中国商人在罗投资区与聚居区。李力副会长介绍了四川省经济发展和优势产业情况，双边产业优势互补，合作前景广阔，动员四川省企业通过各种国际经贸平台，建立国际贸易关系，积极开拓中东欧市场。此外，代表团还拜访了中国驻保加利亚大使馆经商参处、保中商业发展协会、保中工业发展商会、保加利亚色雷斯工业园、保加利亚欧中经济开发区、罗马尼亚伊尔福夫省、罗马尼亚红龙市场和罗马尼亚唐人街等机构。李力副会长向他们介绍四川省经济社会发展情况，推介省"西博会""智博会""汽配展"等重要展会活动，邀请相关商协会机构组织当地代表团访问四川。代表团详细了解保加利亚和罗马尼亚经贸发展情况与重要展会活动，与相关单位积极探索合作模式，建立日常信息交流机制，为双边企业搭建良好合作平台。

两年来，四川省着力构建更广泛的合作网络，创新合作模式，与多个欧洲城市进行了实质性经贸合作。"蓉欧＋"战略合作平台正式运营，并举办了"蓉欧＋"全球合作伙伴大会等活动。

### （三）人文交流增多

#### 1. 友城数量与合作增多

2019年1月21日，成都与希腊首都雅典建立友好合作关系签约仪式在雅典举行，成都与希腊雅典正式建立友城关系。至此，成都与中东欧国家的友城数量增至6个。与雅典友好合作关系协议的签署，必将推动并深化双方的战略合作。成都与希腊一直有着良好的经贸和文化往来，近年来更是发展迅速。雅典市副市长玛利亚·伊莉奥普鲁女士和雅典市议员亚历山大·莫迪阿诺表示，今后将在此次友好合作关系协议的基础上，进一步推动雅典与成都开展更多领域的广泛合作，诸如经贸、文化、教育、旅游等。作为欧洲重要的文化名城和商业中心，雅典是"一带一路"的重要节点，缔结友好合作关系是成都"深化西向"的重要举措之一。

2019年，成都与友城的互动联系增多，举办了一系列活动，如成都国际友城青年音乐周、国际友城青少年"看四川"夏令营、成都国际友城市长创新论坛等。成都与罗兹市之间交流更加密切，在友城以外，双方在贸易、科技、文化等方面也有合作。

#### 2. 使馆数量增加

继2015年波兰和捷克在成都开设领事馆以后，成都与希腊于 2019 年 11 月达成协议，计划在成都开设希腊总领事馆，但开馆时间待定。

获批在蓉设立外国领事机构累计达 20 个，继续保持内地领馆"第三城"的优势，领馆聚集效应已初步形成。

### 3. 高等教育交流活跃

随着校际交流的增加，中东欧国家来蓉留学人数亦有所增加。2019 年，中东欧国家仅前往四川大学留学人数就达 115 人，比以往都有所增加。其中，波兰 50 人，捷克 10 人，斯洛伐克 1 人，匈牙利 7 人，斯洛文尼亚 12 人，克罗地亚 1 人，波黑 3 人，塞尔维亚 8 人，黑山 2 人，罗马尼亚 2 人，保加利亚 5 人，北马其顿 4 人，爱沙尼亚 3 人，立陶宛 5 人，希腊 2 人。其余高校尚未在统计之列。

此外，两地高校间也保持着比较频繁的学术交流与合作。诸如四川大学国际关系学院波兰与中东欧问题研究中心每年与华沙大学举办两场国际关系圆桌研讨会，一场由四川大学主办，一场由华沙大学主办。与中东欧其他国家的高校如捷克查理大学、匈牙利佩奇大学和考文纽斯大学、斯洛文尼亚卢布尔雅那大学、拉脱维亚的拉脱维亚大学等中东欧著名高校建立了密切的教学与科研合作关系。

四川大学与波兰华沙大学共建了"波兰语＋"专

业。该专业是教育部备案的高校专业，即"波兰语+
经济"和"波兰语+国际关系"专业，实行"2+3"
本科合作，毕业后学生可分别获得四川大学波兰语和
华沙大学经济学或国际关系学专业学士双文凭，2020
年持续招收、遴选该专业的本科生。此外，四川大学
还与波兰的罗兹大学建有经济学专业"2+2"项目，
并和哥白尼大学建立了合作关系，每年有学生交流和
夏令营活动等。

4. 文化交流活动

成都以天府文化为本土文化推介的重要元素，着
力打造本地文化品牌交流活动，邀请全球友人做客成
都、了解成都、宣传成都，形成了"成都·欧洲文化
季""我和珀斯合个影""成都贝多芬文化周""成都
熊猫国际美食节"等双边多边文化交流品牌，既让成
都市民体验原汁原味异国文化，也使外国友人深切感
受天府文化的魅力。同时，将海外推介活动统一为
"PANDA 成都走世界"，以川菜、川剧、中医、民乐等
特色形式，在"一带一路"节点城市、国际友城等开
展推介活动，增进外国友人、海外华人华侨对成都的
认识与了解，提升天府文化影响力。连续 14 年举办
"成都国际友城青年音乐周"，活动规模不断扩大，已
成为"市场市民有口皆碑，国内国外享誉中外"的国
际交流平台，助推国际音乐之都建设。持续开展"国

际友城雕塑家蓉城创作"活动，在城市绿道建设中引入丰富的国际元素，构建多元文化场景和特色文化载体，进一步增强了成都"美丽宜居公园城市"的国际识别度和美誉度。

5. 推动艺术合作

2018 年 6 月 13 日，在成都举行的第二届中国—中东欧国家艺术合作论坛成果发布会上，《中国—中东欧国家艺术合作成都宣言》发布，为中国与中东欧国家间的艺术合作提供了长久依据。该宣言提出致力于将成都打造成中国—中东欧国家艺术合作的支点城市。

宣言指出成都拥有古老悠久的历史和文化，是"一带一路"重要节点城市，一直致力于依托天府文化，建设世界文化名城。还指出，中国与中东欧国家虽然拥有各种不同的历史和文化，发展路径迥异，但都对保存各自的传统文化，以及在对城市的创新发展方面有着共同的认知，认为各国应加强相互往来，相互学习，取长补短，共商发展大计，深化深入合作。

论坛上宣布，中国—中东欧国家青年艺术人才培训和实践中心将落地四川音乐学院，并定期举办相关艺术交流活动；中国—中东欧国家文创产业交流合作中心落地成都高新区，致力于打造培育文创产业发展、促进文化贸易的平台。这两个中心成为中国与中东欧国家开展艺术合作交流的实践平台。

# 二 与中东欧国家合作现存问题

## （一）设施联通水平有待提高

首先，成都铁路口岸海关监管区需扩容改造。相关部门需就成都铁路口岸海关监管区的扩容给予支持，以尽快实现车站、口岸、保B堆场的联通和一体化运营。

其次，尚不能满足客户的班列发运需求，未能做到铁路口岸 $7 \times 24$ 小时工作制与海关作业的合理有效衔接，尚需优化通关服务保障。

## （二）经贸合作水平不均衡

### 1. 贸易逆差亟待解决

借力"蓉欧快铁"，四川省对中东欧出口规模增速迅速，然而，进口规模仍旧较小，"蓉欧快铁"空车返回情况仍旧不容小觑。目前仍靠政府部门的资助运作，每辆空车政府投入的补助经费是三千万元，且都是依赖地方政府的补助。因此，四川省政府承担着较大的压力。

### 2. 双方投资合作潜力亟待挖掘

2019年，无论是成都对中东欧国家投资还是吸收中东欧国家直接投资规模均为空白。一方面，四川省认为中东欧国家整体来说较小，不具备大量投资所需要的吸引力；另一方面，中东欧国家似乎也没有在四川找到适合他们投资的领域。这说明双方仍旧有待相互了解，也有待挖掘在投资方面的潜力。

### （三）对中东欧地区重视度不足

目前，成都没有专门负责中东欧国家和地区的政府机构与部门。除了"蓉欧快铁"方面对中东欧的货值和发行班列有专门的统计外，政府部门没有设立专门负责或针对中东欧的行政单位，也没有专门针对中东欧地区的会议或者展会。2019 年接待中东欧地区国家领导人，基本是配合国家的相关活动。总的来说，四川对中东欧地区的重视度和主导性均不足。

### （四）人文交流不足

前往中东欧国家和中东欧国家来蓉留学都是以短期为主，或以高校与中东欧地区的校际合作派遣为主。基本没有自发前往中东欧或中东欧来川留学生，也没有合作办学项目。

旅游方面，前往中东欧国家和地区的游客与旅游热门国家和地区目的地相比，仍然较少，中东欧国家和地区来川游客也较少，因此，均未进入官方统计数据之列。

### （五）智库建设有待加强

目前，四川没有属于政府部门的智库，也没有由地方政府部门打造的关于中东欧研究的智库。智库方面的数量和研究成果都是以高校（四川大学）为主，也是近几年建立发展起来的，时间并不长。高校有川大的教育部备案中心"四川大学波兰与中东欧问题研究中心"，可算作高校智库，目前已运行四年多，研究成果和水平尚待加强。

## 三　加强四川省与中东欧国家合作的对策建议

### （一）政府需提高对中东欧国家和地区的重视度

作为"一带一路"倡议的重要合作伙伴，中东欧地区的区位优势决定了其在"一带一路"中具有重要作用，对"一带一路"倡议的成功至关重要。

虽然"蓉欧＋"战略取得了一些成效，中欧班列总的来说也发挥着越来越重要的作用；中国—中东欧国家文创产业合作中心也于2018年落户成都；2019年举办了第二届中国—中东欧物流合作秘书处联络员会议，但是从政府层面来说，甚至很难找到专门负责中东欧地区事务的部门。另外，在与中东欧的合作方面，也缺乏主动性，做的基本都是配合性事务的工作。

## （二）加大对设施联通的支持力度

成都铁路口岸海关监管区需扩容改造。建议牵头协调相关部门就成都铁路口岸海关监管区的扩容给予支持，实现车站、口岸、保B堆场的联通和一体化运营，促进班列作业效率，提升港区服务效益。

进一步协调成都海关加大作业支持。结合客户的班列发运需求，最大化争取海关的作业支持，力争实现铁路口岸7×24小时工作制与海关作业的衔接，为班列的均衡开行、上量组织提供更优的通关服务保障。

## （三）搭建好与中东欧地区人文交流的平台

建议开设专门服务于与中东欧地区人文交流合作的部门，逐步搭建与中东欧地区的人文交流平台。教育上，有序引导四川省与中东欧国家地区展开合作办学、学术交流以及项目合作。同时，实现政府部门、中东欧各使领馆、实业部门和高校（智库）的有效合作，做到产、学、研相结合，共同服务于四川省与中东欧国家和地区合作。

# 中国—中东欧国家地方合作分析与展望：为什么重要以及如何开展<sup>*</sup>

2012 年中国—中东欧国家合作机制启动以来，地方合作全面发展、"多点开花"，呈现"地方合作行业/领域化""行业/领域合作地方化"并行的特点，形成"地方领导人会议" + "地方省州长联合会""首都市长论坛" + "市长论坛""友城合作""中欧班列"等多个平台，涌现出中国的宁波、沧州和中东欧的布拉格、华沙等一批示范城市，日益成为中国—中东欧国家合作的一大特点和亮点。诚如时任中国外交部副部长宋涛在 2013 年的重庆中国—中东欧国家地方领导人会议上指出的那样："通过地方合作，把国家层面促进合作的大政策，转化为务实合作的具体成果，推动各方合作持续、深入地开展下去，服务于中国和

---

\* 徐刚，中国社会科学院俄罗斯东欧中亚研究所。

中东欧国家的发展。"① 因此，在新冠肺炎疫情和百年变局交织的背景下，地方合作如何提质升级进而为中国—中东欧国家合作注入新动能十分重要。

# 一　为什么要重视中国—中东欧国家地方合作

## （一）地方合作是中国开展同（中）东欧国家关系的重要组成部分

改革开放前，中国地方政府的外交实践甚少，与东欧国家的交往亦不例外。改革开放 40 多年来，中国与（中）东欧国家的地方交往与合作历经了"开创局面的 80 年代""平稳发展的两个年代"以及"全面突破的新时代"。② 改革开放初期，中国政界和学界对东欧国家的改革抱有浓厚的兴趣，在邀请诸多东欧经济学家来华交流的同时也派出大量考察团出访南斯拉夫、匈牙利等东欧国家。当时，中国与东欧国家的地方交往特别是友好城市的结对也不断增多，其数量远远走在西欧国家，甚至是除日本以外的西方国家前面。其

---

① 《宋涛出席中国—中东欧国家地方领导人会议并接受采访》，2013 年 7 月 4 日，中央人民政府网站（http://www.gov.cn/govweb/gzdt/2013-07/04/content_2440501.htm）。

② 徐刚：《中国与中东欧国家地方合作：历程、现状与政策建议》，《欧亚经济》2019 年第 3 期。

中，仅中国与南斯拉夫就有 7 对友好城市结对，分别是 1980 年的萨格勒布与上海、贝尔格莱德与北京，1981 年的萨拉热窝与天津、卢布尔雅那与成都和诺维萨德与长春，1984 年的斯科普里与南昌，以及 1986 年的伏伊伏丁那与吉林省。"冷战"结束后前十年是中国与中东欧国家"重新认识和再接触的十年"，双方以相互尊重为基础，逐渐理顺国家间关系。这一时期，彼此的地方合作仍以友城结对为主。进入 21 世纪，中国与中东欧国家关系稳步发展。随着数个中东欧国家陆续加入欧盟，双方关系发展有了国家和欧盟的双重框架。除友城合作外，农业等领域的合作平台陆续建立。在中国—中东欧国家合作建立、"一带一路"倡议提出后，中国与中东欧国家的地方合作与交往也走进了新时代。

归纳起来，第一，地方领导人会议已相继在中国重庆（2013 年）、中国唐山（2016 年）、捷克布拉格（2014 年）、保加利亚索非亚（2018 年）和中国沈阳（2021 年）举行。2014 年 8 月，中国—中东欧国家地方省州长联合会在布拉格成立以来，先后在中国廊坊、唐山和保加利亚普罗夫迪夫、索非亚，以及中国的大连和沈阳召开六次工作会议。第二，中国—中东欧国家首都市长论坛分别于 2016 年 10 月、2017 年 9 月、2018 年 10 月和 2019 年 10 月在保加利亚索非亚、黑山波德戈里察、塞尔维亚贝尔格莱德和阿尔巴尼亚地拉那举行。中国—中东欧国家市长论坛分别于 2017 年 6 月、2018 年 6 月、2019 年 6 月和 2021 年 6 月在宁波连续举行。第三，中国与中东欧国家共结对 216 对友好省州（城市），其中 2012 年以来的结对占绝大多数。第四，"渝新欧""郑欧""湘欧""哈欧""合新欧""义新欧"以及"长满欧"等中欧班列均途经波兰，而"蓉欧""苏满欧"等目的地是波兰，"汉新欧"的目的地则是捷克。在新冠肺炎疫情背景下，2020 年中欧班列国际合作防疫物资专列抵达塞尔维亚。此外，几乎每个中东欧国家的首都或重要城市均申请并成为中国—中东欧国家合作框架下的某个行业协调机制、联合会或中心所在地，总数接近 50 个。①

### （二）中国—中东欧国家地方合作的提升空间及面临的阻力

目前，中国与中东欧国家的地方合作不断取得创新和进展，但由于全面合作起步较晚，亦无先例可循，中东欧内部复杂性特征突出，其中仍然存在不少可以进一步提升的空间和有待解决的问题。比如，地方合作的点面结合不足，存在无序和失序合作的问题，内

---

① 参见徐刚《中国与中东欧国家地方合作：历程、现状与政策建议》，《欧亚经济》2019 年第 3 期。

涵与外延模糊不清等。

首先，从中方角度看，中国的宁波及浙江省、沧州及河北省、重庆和成都市等在推进中国—中东欧国家合作以及地方合作上排在前列。宁波市在浙江独占鳌头，但如何在开展与中东欧国家的地方合作中平衡与浙江省其他城市的关系或带动其他城市值得进一步深入。同样，沧州与河北其他地市、成都与四川其他地市也存在同样的问题。就全国范围讲，这些示范城市和省份如何带动其他城市和省份参与中国—中东欧国家地方合作也需要统筹协调。这样的逻辑在中东欧地区同样存在。大体来看，华沙、布达佩斯和布拉格等城市的发展空间、潜力和需求均较大，同中国中等以上城市开展合作具有可行性。因此，如何挖掘这些城市之外的城市和地方行政区的合作潜力无疑是中国—中东欧国家地方合作的新空间。

其次，从中方来说，各区域间、各行业领域的失序和无序竞争依然存在。浙江、河北、四川、山东、重庆、辽宁等多个省市均在积极推进中国—中东欧国家合作框架下的地方合作，但似乎很难看出明确的分工和定位。在中欧班列国内运输协调委员会、中欧班列运输协调委员会、中欧班列专题协调机制等相关机制建立后，此前存在的缺乏协调问题得到一定缓解，但仍未彻底解决。① 中国企业扎堆一国或几国甚至恶性竞争现象也并非没有。此外，截至 2021 年 6 月，中国与中东欧国家已有 216 对友好城市。然而，诚如有学者指出的那样，这些友好城市虽然基本包含了交流合作的所有方式，但也有明显不足，如人员文化性交流活动少、友好城市协同合作少、实质性合作少、交流模式单一以及结对集中在省会城市或州所在地等。同时，交流更多地处于较程序化、常规化的阶段，对于中国—中东欧国家合作的参与度不够，在中东欧的整体影响力较弱，在中国—中东欧国家合作中的作用也微乎其微，同较好地参与和服务中国—中东欧国家合作和"一带一路"建设的使命尚有很大距离。②

最后，地方合作的内涵和外延需要进一步明确。从政策实践看，中国—中东欧国家地方合作属于"大地方合作"概念，包括一城对一区合作，比如宁波和中东欧国家的合作；一省市对一国合作，即点对点合作，比如四川对波兰、浙江对捷克、河北对塞尔维亚等；友好城市合作；区域对区域合作，如中国的京津

---

① 马斌：《中欧班列的发展现状、问题与应对》，《国际问题研究》2018 年第 6 期。

② 吴素梅、李明超：《国际友好城市参与中国—中东欧合作研究》，《上海对外经贸大学学报》2018 年第 2 期。

冀、长三角、大湾区与国外某些区域的合作。① 然而，从学术研究讲，地方合作的主体和客体到底是什么？怎样的合作才是地方合作？所有落在地方的合作都能称为地方合作吗？回答清楚这些问题或者说只有探求地方合作研究的准确性，才能更好地服务于政策实践的精确性。

除了这些合作层面本身的问题之外，中国—中东欧国家地方合作还面临着国际形势的冲击。其中，最大的冲击来自地缘环境的变化。一方面，在美中博弈和中欧竞争加剧的背景下，中国—中东欧国家合作的总体环境有所变化，"中国债务陷阱论""中国安全威胁论"、意识形态对冲、污名化和政治化等排华情绪接连登场，立陶宛甚至公然于2021年5月宣布退出该合作机制。在全球形势和疫情走向不确定性的情形下，西方逆全球化、民族主义、保护主义、民粹主义等思潮继续走强，对中国—中东欧国家合作和"一带一路"建设产生深远影响。中国—中东欧国家地方合作也不例外。另一方面，中东欧国家多国政坛面临变数，或将出现反对甚至退出中国—中东欧国家合作的政治势力和政府。过去几年来，以海盗党为首的捷克反对派频频搞反华政治操作，做出了解除布拉格与北京友城

---

① 参见王灵桂《更加有效发挥智库咨政功能推动中国—中东欧国家合作迈入新阶段》，《宁波日报》2021年6月10日。

关系的举措，并扬言于 2021 年下半年大选胜出后继续
"发展对台关系"。2021 年 5 月以来，以布达佩斯市长
为首的匈牙利反对派煽动民意反对复旦大学布达佩斯
校区建设，中伤匈中关系，旨在为 2022 年大选增加
"筹码"。在立陶宛退出后，捷克、匈牙利等中东欧大
国的政坛走向对中国—中东欧国家合作尤为敏感。

# 二　如何高质量开展中国—<br>中东欧国家地方合作

中国—中东欧国家合作机制成立九年来，坚持共
商、共建、共享原则，在开放包容中共同发展。也就
是说，该机制不是中国一家的独奏，而是中国—中东
欧国家包括其他感兴趣国家和国际组织的合唱。下一
步，从中方来讲，为进一步推进中国—中东欧国家合
作扎根地方，实现地方合作的提质升级，应重视以下
四个方面的工作。

第一，全面提升地方合作在中国—中东欧国家合
作中的地位，使其成为该合作机制的三大支柱。任何
一项区域或国际性倡议以及机制都需要确立发展核心。
"一带一路"建设在于五通（政策沟通、设施联通、
贸易畅通、资金融通、民心相通），中非合作论坛有
"五大支柱"（政治、经济、文明、安全和国际事务），

中欧关系为四大伙伴关系（和平、增长、改革、文明），上海合作组织有三轮驱动（安全、经济、人文）。对于中国—中东欧国家合作来说，可探索建立起以领导人峰会（政策沟通）、人文交流（民主相通）和地方合作（实务合作）为重点的三大支柱。就地方合作而言，应充分发挥中国—中东欧国家地方领导人会议机制，做好顶层设计。研究是否需要经过2—3年的过渡实现中国—中东欧国家地方领导人会议的年度化。鼓励和引领中东欧国家的城市轮流承办会议，利用中国—中东欧国家合作秘书处的功能设置议题，引导参与国共商、共建、共享。

第二，做政策加法和研究减法。中国在开展对外合作进程中，突出强调务实合作、精准合作的重要性。从决策部门的角度看，任何有助于地方合作的项目都需要推进。也就是说，大地方合作或者泛地方合作是决策部门的思路。然而，从学术研究或者政策咨询的立场讲，概念的精确性直接决定了对策的准确性和有效性。比如说，中国—中东欧国家投资博览会落户在宁波，围绕博览会相关的活动属不属于地方合作便值得讨论。再比如，国内建立了相当多的中东欧研究机构①，

---

① 据不完全统计，国内已经建立的中东欧区域或国别研究中心约50家。具体参见徐刚《改革开放40年来的中国（中）东欧研究：基于学科建设的初步思考》，《俄罗斯东欧中亚研究》2020年第1期。

彼此的研究重点和研究方向不尽相同，如何在研究层面找准焦点并协力合作同样重要。因此，在中国—中东欧国家地方合作走实走深的过程中，应做研究上的减法，将智力的精准性投射于宽泛的地方合作实践中。

第三，以协调和创新为两大支点推动中国—中东欧国家地方合作高质量发展。地方合作的关键，首先是加强相互了解。了解彼此发展状况、政策环境和合作需求，才能拓展合作领域。在实践过程中，应做好中国各地方省市之间的协调、中东欧各国间和各国内地方实体间的协调、行业协调以及平台机制的协调。创新地方合作的方式，既有三个及以上国家、企业的合作，也有三个不同地方实体的合作，可借鉴广州与奥克兰、洛杉矶组成三城经济联盟和广州—里昂—法兰克福—伯明翰四城经济联盟的成功经验，选择合作成熟的友好城市引入中国—中东欧国家合作，形成成都—罗兹—布达佩斯—贝尔格莱德等经济联盟，挖掘多方合作潜力。在稳步推进基础设施"硬"联通项目建设外，创新发展绿色、环保、健康、卫生、医疗等"软"联通领域的地方合作。

第四，继续发挥原来的地方合作机制，为新的合作提供经验借鉴。一方面，继续强化中国—中东欧国家之间已经存在的如农业经贸论坛①等多边合作机制，为会议落地省市加强与中东欧国家的地方合作提供平台；另一方面，积极参与中国同欧盟合作框架下的地方合作机制，拓宽地方合作的渠道。近年来，中国—欧盟合作框架下的中欧市长论坛、中欧城镇化论坛等运作良好。中国—中东欧国家既可以充分利用这些机制和平台强化地方合作，又可以根据双方的特点建立起类似的合作与交流渠道。

---

① 由中国国家农业部主办的一年一届的中国与中东欧国家农业经贸合作论坛自2006年以来已经成为中国与中东欧国家十分重要的农业多边合作机制。它加强了中国与中东欧国家涉农部级高层对话，提供了企业与政府对话的平台，增进了企业之间以及企业与政府信息交流，也提升了中国农业产业化的国际水平。参见范丽萍《中国与中东欧国家农业经贸合作探析》，《世界农业》2013年第2期。

# 参考文献

《中国—中东欧国家能源合作第一次技术交流会在京召
　开》，《中国能源》2018 年第 6 期。

陈万钦、霍小龙：《推进国际钢铁产能合作若干问题的
　思考——以河北钢铁产能"走出去"为例》，《国际
　经济合作》2015 年第 9 期。

高媛：《河北省与"一带一路"沿线国家经贸关系及
　拓展研究》，《经济研究导刊》2018 年第 22 期。

韩萌：《新冠疫情下的中欧贸易变局与纾困措施》，
　《理论学刊》2020 年第 4 期。

韩萌：《新形势下深化中国—中东欧国家贸易合作的政
　策选择》，《欧亚经济》2020 年第 6 期。

侯敏、邓琳琳：《中国与中东欧国家贸易效率及潜力研
　究——基于随机前沿引力模型的分析》，《上海经济
　研究》2017 年第 7 期。

鞠豪：《浅谈"16 + 1 合作"的影响因素》，《欧亚经

济》2019 年第 3 期。

孔寒冰、韦冲霄：《中东欧研究的历史演变、特征及发
展趋势——孔寒冰教授访谈》，《国际政治研究》
2019 年第 3 期。

梁福兴、罗丹：《"一带一路"背景下中越两国骆越文
化旅游产业合作发展研究》，《广西社会科学》2016
年第 6 期。

刘仁华等：《塞尔维亚矿业及相关产业投资前景分
析》，《中国矿业》2017 年第 12 期。

刘作奎：《"一带一路"倡议背景下的"16 + 1 合
作"》，《当代世界与社会主义》2016 年第 3 期。

刘作奎：《大变局下的"中国 – 中东欧国家合作"》，
《国际问题研究》2020 年第 2 期。

吕瑶：《中国与"一带一路"中东欧国家创新国际化
发展及模式比较》，《经济问题探索》2019 年第
9 期。

曲如晓、杨修：《"一带一路"战略下中国与中东欧国
家经贸合作的机遇与挑战》，《国际贸易》2016 年第
6 期。

苏小莉：《"一带一路"倡议下中东欧需求现状分析及
中国对策》，《现代管理科学》2018 年第 3 期。

魏颖：《"一带一路"战略背景下中国与阿拉伯国家农
业旅游合作市场开拓研究》，《农业经济》2017 年第

6 期。

吴素梅、李明超：《国际友好城市参与中国－中东欧合作研究》，《上海对外经贸大学学报》2018 年第 2 期。

徐刚：《地方合作：中国—中东欧合作的新方向》，《中国社会科学报》2014 年 2 月 12 日。

徐刚：《中国与中东欧国家地方合作：历程、现状与政策建议》，《欧亚经济》2019 年第 3 期。

许丹：《"一带一路"背景下钢铁出口对策研究》，《商场现代化》2018 年第 9 期。

于军：《中国—中东欧国家合作机制现状与完善路径》，《国际问题研究》2015 年第 2 期。

袁其刚、郗晨：《中东欧国家投资的政治风险研究》，《经济与管理评论》2019 年第 5 期。

臧术美：《"一带一路"背景下中国与中东欧地方合作——一种多层级合作机制探析》，《社会科学》2020 年第 1 期。

赵东麒、桑百川：《"一带一路"倡议下的国际产能合作——基于产业国际竞争力的实证分析》，《国际贸易问题》2016 年第 10 期。

刘作奎，历史学博士，中国社会科学院欧洲研究所副所长、创新工程项目首席专家，"百千万人才工程国家级人选"、"有突出贡献中青年专家"，兼任17＋1智库网络秘书长改为中国—中东欧国家智库交流与合作网络秘书长、中国—中东欧研究院副院长、中国社会科学院希腊中国研究中心执行主任，主要研究领域为中欧关系、欧美关系、中东欧问题以及中国—中东欧国家合作等。曾在德国曼海姆大学、日本青山学院大学、波兰国际事务研究所、拉脱维亚国际事务研究所做访问学者，三次获得院创新工程重大科研成果奖，曾获得院优秀对策信息特等奖和一等奖。共发表学术论文近百篇。

韩萌，经济学博士，中国社会科学院欧洲研究所助理研究员。韩萌主要从事于中国—中东欧国家合作、中欧关系、中欧经贸合作、"一带一路"等方面研究，曾在《中国人口·资源与环境》《理论学刊》等权威及核心期刊发表论文多篇，参与编写著作多部，作为主要成员参与国家社科基金、国家自然科学基金、外交部、教育部、北京市社会科学基金及其他课题十余项，参与撰写的报告多次获得国家及省部级领导的批示及关注。